L. 1998.
8.

EXAMEN
DU MINISTERE
DE M. COLBERT.

A PARIS,

De l'Imprimerie de D'HOURY, Impr.-Libr. de Monseigneur le Duc d'Orléans, rue de la Vieille-Bouclerie, au Saint-Esprit.

M. DCC. LXXIV.

AVEC APPROBATION ET PRIVILÉGE DU ROI.

PRÉFACE.

UNE dispute d'opinion qui s'éleva entre une personne éclairée & moi, au sujet des divers éloges de Colbert, qui parurent l'année derniere, avec une émulation vraiment remarquable pour la gloire de ce grand homme, a donné lieu à cet écrit. En rendant justice à tous ces ouvrages, dont nous fîmes ensemble la lecture, & particulierement à celui que l'Académie a couronné, nous ne portâmes pas entierement le même jugement sur la maniere dont ce

a

sujet avoit été traité, & sur-tout sur le fond du sujet en lui-même, que nous envisageâmes l'un & l'autre d'une vue fort différente. Cette personne, aux lumieres de qui il m'eût été très-facile de déférer, si ma persuasion n'eût pas été aussi forte, applaudit en général aux opérations de ce Ministre, mais en ajoutant que ses plans avoient renfermé diverses erreurs, & qu'on ne devoit pas approuver son administration en plusieurs points. Dans le nombre des opérations qu'elle excepta de ses éloges, furent celles concernant les grains que M. Colbert, selon son avis, avoit traités trop prohibitivement, les manufactures auxquelles il avoit accordé trop de faveur au préjudice des terres. Dif-

PRÉFACE.

férentes branches de commerce & notamment le commerce de l'Inde, firent aussi la matiere de quelques discussions entre nous, de même que le systême à prendre par rapport à nos affaires dans cette partie du monde. Finalement les œuvres de ce Ministre tantôt louées, tantôt combattues, furent diversement considérées de sa part dans notre entretien. Quant à moi, rempli depuis long-tems d'autres idées, j'avoue que je défendis avec un sentiment fort vif, tous ses plans; que je les admirai presqu'en tout. J'allai même jusqu'à reconnoître dans les principes de M. Colbert, des regles fondamentales pour notre administration économique, auxquelles les changemens des tems avoient apporté fort peu de changemens. Je m'engageai enfin dans la dispute, à donner mon avis par écrit sur les principaux éloges qui avoient paru à cette occasion & sur-tout à prouver ma these sur l'excellence que j'attribuois au ministere de Colbert.

L'ouvrage fut d'abord fort avancé: différentes circonstances en ont suspendu l'entiere exécution, & ce n'est que dans des loisirs successifs & depuis peu de mois, que j'y ai mis la derniere main. Il m'a fallu dès-lors supprimer de ce travail les observations que j'avois faites sur plusieurs écrits que cet éloge a fait naître, parce que le Public peut les avoir perdus de vue à cause de l'éloignement du tems. J'ai cru devoir laisser subsister

PRÉFACE.

seulement quelques réflexions sur celui que l'Académie a préféré, par respect pour le suffrage de cette Académie & par estime en même tems pour l'ouvrage. L'essentiel de ce travail porte donc tout entier sur le fond des travaux de ce célebre ministere.

Mon Antagoniste d'opinion, pour qui cet écrit étoit uniquement destiné, s'est dit fort ébranlé, sans être cependant convaincu par mes réflexions. Il m'a proposé, dans les doutes qui lui restoient, de m'en remettre au jugement du Public. Il a même voulu me persuader que mes opinions étant sur beaucoup de points très-différentes des opinions reçues, & se trouvant en même tems infiniment importantes par leur sujet, il étoit du bien public que la vérité ou l'héréfie, pour m'exprimer comme lui, de mes propofitions fût jugée. J'y ai cédé, malgré mon peu de penchant à écrire rien de public fur quoi que ce foit, par un fentiment plus fort que cet éloignement, le defir de concourir à la connoiffance de la vérité.

Je fais qu'il eft peu de Sujets que les hommes raifonnables puiffent fe permettre de traiter par la voie de l'impreffion. Si les objets font frivoles, on perd pour foi & on fait perdre à autrui, fi on ne fait pis, un tems compté fi fobrement à tous les hommes, & dont le prix eft fi fort au-deffus de toutes les valeurs. Si le fujet eft grave, tout doit donner des craintes à l'homme qui écrit. Souvent en croyant arracher des préjugés, il détruit à leur place des vérités utiles ; & s'il guérit quelquefois les premiers, il entraîne, hélas, fréquemment avec eux d'autres vérités qui sont cachées dans leur sein. Qui sait même si dans l'ignorance inséparable de l'état de l'homme, il n'y a pas des préjugés heureux revêtus de l'image salutaire de la vertu qui suppléent pour lui cette vérité exacte qu'il ne peut pas toujours connoître & conséquemment dont l'admission ou la tolérance s'accommode mieux quelquefois à la vue foible & bornée de la multitude ? D'ailleurs il est telles matieres d'ordre public, comme celles qui concernent la religion, les mœurs, la morale,

PRÉFACE.

la constitution publique des Etats, auxquelles il n'est pas permis, selon moi, à un particulier de toucher sans la mission de sa société. Les opinions de cet ordre sont autant de propriétés particulieres, que la sanction des Etats a mis au rang des propriétés publiques, & que ceux-ci doivent conserver pour le bien de leur union. Tous les ouvrages en ce genre ont les plus grandes conséquences : rien ne les autorise ; rien n'en répare l'effet, s'il est fâcheux. L'homme qui perd par le fait de l'Ecrivain imprudent qui a produit & à qui on a laissé produire ses opinions, ou sa foi qui le console, ou ses mœurs qui le rendent heureux, ou son attachement à sa patrie, qui forme une si douce

PRÉFACE.

chaîne sur la terre ; l'homme, dis-je, qui est dans ce cas, souffre alors, à mon avis, le préjudice le plus réel qu'il puisse éprouver. L'Auteur qui a été assez inconsidéré pour n'avoir pas craint sur la foi de sa seule raison, de faire penser autrui sur de pareilles matieres comme il pense lui-même, emporte, s'il a le malheur de se tromper, du fond du cœur de nombre d'hommes, des biens qu'il ne peut plus leur restituer. Son écrit qu'il n'est plus en son pouvoir de retenir, va blessant tous les âges, dans tous les lieux, dans tous les tems. Si de tels délits se multiplient, les corps politiques perdant plus qu'ils n'acquierent par le progrès des lumieres, sont bientôt dépravés; & c'est par ces coups répétés que leurs fondemens s'ébranlent, tout portant sur la terre sur ces premieres bases, & tout individu, comme toute société, y puisant sa force & sa félicité. En un mot, chaque société, & avec elle chaque homme a à soi & sa foi, & ses mœurs & ses loix. Ces opinions, ces vertus primitives, gravées en nous avec notre être, en sont, pour ainsi dire, constitutives; elles forment pour nous une propriété naturelle & publique. Toute personne qui sans titre, ni droit écrit & en écrivant offense témérairement cette propriété, se rend très-coupable: nul autre délit peut-être n'égale le tort réel de cette entreprise, & l'étendue de ses conséquences.

Il n'en est pas de même des objets du Gouvernement civil,

PRÉFACE.

& de ceux qui sont soumis à toute administration mobile & particuliere. Tous ces objets forment une science pratique & usuelle : science d'une continuelle méditation, & d'autant plus difficile, qu'elle est combinée à la fois de la connoissance des choses & des personnes, de celle du bien, & sur-tout du bien possible, point si important dans l'administration exécutive, parceque tout ce qui est bon en soi, n'est pas toujours praticable, eu égard aux constitutions des Etats, aux circonstances des tems, & souvent à la nature du bien même, qui tantôt veut être accompli par degrés, & tantôt, pour son succès même, exécuté à l'insçu de ceux qui doivent en recueillir le fruit. Toutes ces matieres étant de pure opinion, il est du droit, il est même de l'intérêt de tout Citoyen honnête, de chercher la vérité sur ces points divers, dont l'enseignement est presqu'un objet d'étude générale. Quand les personnes publiques & les administrations existantes, certainement méritoires, mais nullement infaillibles, sont respectées, tous les efforts de l'homme qui médite sur ces objets, avec la défiance qui convient, ne sont que louables. Ce sont autant de veilles à la décharge des Gouvernemens; ce sont des lumieres que le zele leur offre, & que leur sagesse admet ou rejette, perfectionne & rectifie. C'est cette idée qui m'a déterminé à laisser produire cet écrit bien éloigné de l'importance & de l'étendue du sujet qui y est traité. Je l'ai rédigé d'abord pour la confiance & l'amitié ; je le soumets au Public pour l'intérêt seul de la vérité.

APPROBATION.

J'ai lu par ordre de Monseigneur le Chancelier un Manuscrit intitulé : *Examen du Ministere de* COLBERT. Les discussions importantes, dont cet Ouvrage est rempli, peuvent servir à répandre beaucoup de lumieres sur diverses questions qui méritent l'attention du Gouvernement. Il ne m'appartient pas de décider si les sentimens de l'Auteur doivent être adoptés en tout ou en partie ; mais je suis dans l'obligation d'observer que, même lorsqu'il combat avec le plus d'avantage les idées contraires aux siennes, il propose son opinion avec la défiance convenable, & que dans cet Ecrit éloquent il joint une singuliere modestie à une connoissance profonde des principales branches de l'économie politique. A Paris, le 23 Août 1774.

RÉMOND DE SAINTE-ALBINE.

PRIVILEGE DU ROI.

LOUIS, par la grace de Dieu, Roi de France & de Navarre : A nos amés & féaux Conseillers, les Gens tenans nos Cours de Parlement, Maitres des Requêtes ordinaires de notre Hôtel, Conseils Supérieurs, Prevôt de Paris, Baillifs, Sénéchaux, leurs Lieutenans Civils & autres nos Justiciers qu'il appartiendra, SALUT. Notre amé LAURENT-CHARLES D'HOURY, Imprimeur de notre très-cher & amé Cousin le Duc D'ORLÉANS, Nous a fait exposer qu'il désireroit faire imprimer & donner au Public un Livre intitulé, *Examen du Ministere de Colbert*, s'il nous plaisoit lui accorder nos Lettres de permission pour ce nécessaires. A CES CAUSES, voulant favorablement traiter l'Exposant, Nous lui avons permis & permettons par ces Présentes, de faire imprimer ledit Ouvrage autant de fois que bon lui semblera, & de le faire vendre & débiter par tout notre Royaume, pendant le tems de trois années consécutives, à compter du jour de la date des Présentes: Faisons défenses à tous Imprimeurs, Libraires & autres Personnes, de quelque qualité & condition qu'elles soient, d'en introduire d'impression étrangere dans aucun lieu de notre obéissance; à la charge que ces Présentes seront enrégistrées tout au long sur le Registre de la Communauté des Imprimeurs & Libraires de Paris, dans trois mois de la date d'icelles; que l'impression dudit Ouvrage sera faite dans notre Royaume & non ailleurs, en bon papier & beaux caracteres; que l'Impétrant se conformera en tout aux Réglemens de la Librairie, & notamment à celui du dix Avril mil sept cent vingt-cinq, à peine de déchéance de la présente Permission; qu'avant de l'exposer en vente, le Manuscrit qui aura servi de copie à l'impression dudit Ouvrage, sera remis dans le même état où l'approbation y aura été donnée, ès mains de notre très-cher & féal Chevalier, Garde des Sceaux de France, le Sieur HUE DE MIROMENIL, qu'il en sera ensuite remis deux Exemplaires dans notre Bibliothéque publique, un dans celle de notre Château du Louvre, un dans celle de notre très-cher & féal Chevalier, Chancelier de France, le Sieur DE MAUPEOU, & un dans celle dudit Sieur HUE DE MIROMENIL, le tout à peine de nullité des Présentes. DU CONTENU DESQUELLES vous mandons & enjoignons de faire jouir ledit Exposant & ses ayans causes, pleinement & paisiblement, sans souffrir qu'il leur soit fait aucun trouble ou empêchement. Voulons qu'à la copie des Présentes, qui sera imprimée tout au long, au commencement ou à la fin dudit Ouvrage, foi soit ajoûtée comme à l'Original. Commandons au premier notre Huissier ou Sergent sur ce requis, de faire

xvj

pour l'exécution d'icelles, tous Actes requis & nécessaires, sans demander autre permission; & nonobstant Clameur de Haro, Charte Normande & Lettres à ce contraires: CAR tel est notre plaisir. DONNÉ à Fontainebleau, le vingt-septieme jour du mois d'Octobre, l'an mil sept cent soixante-quatorze, & de notre Règne, le premier. Par le Roi, en son Conseil.

LE BEGUE.

Régistré sur le Registre XIX de la Chambre Royale & Syndicale des Libraires & Imprimeurs de Paris, n°. 3108, fol. 327, conformément au Réglement de 1723. A Paris, ce 22 Novembre 1774.

LOTTIN jeune, Adjoint.

EXAMEN

EXAMEN
DU MINISTERE
DE M. COLBERT.

JE vous ai fait attendre, Monsieur, plus que je n'aurois dû, le travail que je vous promis, lorsque nous lûmes ensemble les différens ouvrages qui parurent l'année derniere, à l'occasion de l'éloge de Colbert, si desiré du Public, que l'Académie Françoise avoit proposé cette même année pour prix d'éloquence. Nos observations qui ne firent d'abord que la matiere d'un entretien, tournerent ensuite en une discussion réelle. Plusieurs de mes propositions vous étonnerent, & je me souviens que je m'engageai à la fin de cette dispute, qui avoit partagé nos esprits avec beaucoup d'intérêt, de vous dire mon avis par écrit, d'abord sur la maniere dont ce grand sujet avoit été traité, en second lieu & principalement sur le fond de l'importante matiere qui a servi de base à ces éloges.

J'avois (*), dès les premiers momens, porté mon travail assez loin; mais diverses circonstances ont retardé l'exécution de ma parole. Je viens enfin de revoir ces matériaux. L'envie que j'ai de vous tenir ma promesse, en

---

(*) Cet Ouvrage a été écrit en grande partie, peu de tems après la publicité du Discours qui a été couronné l'année derniere par l'Académie Françoise. L'Auteur l'a perdu de vue depuis, & n'a pu l'achever que dans les mois de Juin & Juillet derniers; il a été présenté à l'examen vers la fin du même mois, & approuvé par le Gouvernement & le Censeur public dans le mois d'Août, pour paroître à l'époque de la derniere assemblée publique de l'Académie Françoise : différentes circonstances en ont retardé l'impression jusqu'à ce jour.

même tems le plaisir que j'éprouve à m'entretenir sur des sujets que nous aimons, vous & moi, me déterminent à profiter de quelque loisir, pour rassembler & vous adresser avec quelque ordre, ce que je vous avois préparé sur cette matiere.

Mon plan, dans l'essor de la premiere composition, s'étoit étendu à plusieurs parties essentielles de l'administration que j'avois traitées, & que je serai obligé ou de supprimer, ou de retoucher à cause du changement des circonstances. Les écrits de ce genre vieillissent bien vîte dans un pays aussi prodigieusement animé que le nôtre; ce qui fait que si les principes restent toujours les mêmes, il n'y a plus lieu souvent à leur application, parce que les partis se trouvent pris, ou que l'état des choses est absolument changé.

D'abord, j'avois examiné un peu au long le mérite des différens discours que l'éloge de M. Colbert a produits, &

particulierement de celui que l'Académie a couronné. Cet examen n'intéresseroit plus aujourd'hui, parce que ces discours éphémeres ne sont plus sous les yeux du Public : de plus, de pareils ouvrages, quel que soit leur mérite, ne sont pas toujours assez considérables par eux-mêmes pour former un corps d'attention permanent. La mémoire de l'homme illustre qui fait le sujet de l'éloge, reste & parcourt tous les tems, tandis que le Panégyriste, à moins qu'il n'offre dans son travail des objets d'intérêt ou d'instruction plus solides qu'une vaine louange, n'occupe que dans le moment où il loue : différence qui apprend celle qu'il y a entre exécuter de grandes choses & savoir simplement les célébrer.

Je vous dirai cependant, pour la justice, que ces discours ont tous des beautés réelles & renferment divers points intéressans d'instruction. J'ai même observé que dans la foule des écrits que l'émulation pour un si bel éloge a produits, chacun a fait, dans l'administration de M. Colbert, des découvertes qui lui sont propres, comme s'il eût fallu le concours d'un grand nombre d'esprits pour découvrir simplement ce qu'un seul homme a exécuté.

Vous savez que le Public n'a pas porté absolument le même jugement que l'Académie, sur le discours que celle-ci a couronné, à la vérité par un suffrage modifié & qui a paru un peu contraint; mais le suffrage absolu de ce Tribunal Littéraire n'eût pas été, à peu de chose près, moins fondé à mon avis, s'il eût été principalement déterminé par les lumieres que cette production renferme. En effet, l'Auteur que le Public a désigné dans le tems, & pour qui il est glorieux, du sein d'une carriere fort différente, d'avoir cueilli une palme de ce prix dans le champ de l'éloquence, a souvent touché

A iij

de fort près aux vrais principes de l'administration de Colbert ; & si la nature d'un discours académique ne lui a pas permis sans doute de les développer, il n'a pas moins traité son sujet avec l'esprit d'un homme qui possede la matiere dont il parle. Quand après cela on a voulu regarder cet éloge plutôt comme une dissertation, que comme un discours oratoire ; lorsqu'enfin on l'a condamné avec sévérité pour quelques obscurités qui y regnent, & diverses expressions incorrectes ou peu propres qui s'y sont glissées, il me semble qu'on a eu tort, dans le Public, sur le premier de ces points, & qu'on s'est montré trop rigoureux sur les autres.

Il eût été difficile de bien louer un Ministre comme Colbert, dont toute la grandeur consiste dans la sagesse & l'étendue de ses opérations, sans entrer dans la discussion de ses principes. D'ailleurs, l'éloge d'un Ministre par ses œuvres, par la preuve de leur utilité, est sans contredit le plus frappant, comme le plus magnifique des éloges. Ainsi l'Auteur, en s'écartant un peu des routes usitées de l'art académique, n'a point péché, sur-tout quand il a cherché à puiser toute sa force dans le raisonnement ainsi que dans l'élévation & la beauté des principes que la manifestation de l'ordre public présente. Si cette méthode, où la discussion entre nécessairement pour quelque chose, ne produit pas toujours l'éloquence, il est bien certain, qu'en pareille matiere, celle-ci ne se rencontre parfaitement que dans cette route ; & lorsqu'on ne l'y trouve pas, c'est toujours la faute de l'Auteur qui manie sans chaleur des sujets le vrai foyer du plus noble sublime.

L'Auteur dont je parle, ne s'est point montré inférieur à son sujet en suivant cette marche. On trouve dans nombre d'endroits de son discours, plusieurs de ces mouvemens de véritable éloquence qui naissent de l'ame & que celle-ci produit par des images ou des sentimens touchans, lorsque l'esprit se trouvant comme surchargé des idées qu'il ne peut plus contenir, répand sur elle sa chaleur & se soulage, pour ainsi dire, sur ses sensations du poids de ses pensées.

Je n'ai point lu, sans être fort ému, divers traits de cette espece. Par exemple, on ne peut se défendre d'un certain attendrissement mêlé d'effroi quand on jette les yeux sur ce morceau de sentiment qui se trouve à la fin du discours ; je veux parler de l'endroit où l'Auteur présente l'homme d'état rendu à lui-même & considérant dans le silence de la nuit sous les yeux de l'Être-suprême, la grandeur de son emploi & le fruit de ses journées. L'idée de mettre l'homme en place chargé de tant de destinées en présence de Dieu & vis-à-vis de lui-même à la fin de chaque jour, est belle & simple ; & quoiqu'elle ait été déjà souvent présentée sous bien des faces, elle n'a peut-être jamais été employée d'une maniere plus frappante & plus consolante tout à la fois. Effectivement ce moment où la conscience a souvent interrogé les hommes placés dans les premiers rangs, en est un bien marqué pour leur consolation ou leurs remords. Il en est peu, quelle que soit l'agitation des places, que la solitude de ces instans n'ait averti de l'une ou l'autre maniere. Ce moment critique & vrai, où le personnage est dépouillé & la personne reste seule, ne pouvoit pas être mieux saisi ni présenté qu'il l'a été par l'Auteur. Ce qu'il dit à cette occasion est propre à porter l'effroi dans l'ame de l'Administrateur coupable, négligent ou même incapable, tandis qu'il répand une joie parfaite sur l'homme juste & éclairé, & qu'il lui inspire ce vif amour de l'humanité ; sentiment qui seul peut faire supporter comme remplir dignement un pareil emploi.

Quant aux incorrections de style dont on a parlé dans le tems, rien n'est plus facile à réparer que ces taches légeres qu'une Académie de langue doit certainement compter pour quelque chose, mais au-dessus desquelles elle fera toujours bien de s'élever, lorsque le mérite du fond rachetera ces petites imperfections. Par rapport à la diffusion qui est un reproche plus essentiel & qui se rencontre peut-être dans plusieurs endroits de cet écrit, il n'a pas été juste pour cela de se rendre si sévere sur cette production : ces sortes de matieres déjà si difficiles en elles-mêmes à pénétrer, deviennent le tourment de l'esprit quand il s'agit de les rendre sensibles à l'intelligence du Lecteur: Quel travail, je demande, ne faut-il pas pour rendre clair à tous les yeux, ce qui ne l'est pas même parfaitement à l'esprit d'aucun de ceux qui en écrivent ou qui en parlent ? Malheureusement la science de l'administration est

& sera toujours une étude sans bornes &, pour ainsi parler, une science algébrique dont la quantité inconnue ne se trouvera jamais. Pour dire vrai, elle passe de bien loin toutes les limites de l'esprit humain. Parmi les hommes qui paroissent sur la scène des affaires publiques, chacun se saisit de ce qu'il peut dans cette vaste législation. Celui qui en embrasse le plus de parties & avec le plus de justesse, est un être doué par la nature, bien plus encore qu'il n'est devenu tel par l'instruction & le travail, quelque nécessaires que soient l'une & l'autre. Nul génie n'en a parcouru, nul n'en parcourra toute l'étendue. En un mot, cette science étant proprement celle de l'ordre le plus parfait qui puisse régner sur la terre, elle contient dès-lors un nombre si prodigieux de vues avec un accord si vaste, si difficile, qu'il est sensible que l'ensemble de tout ce qui la compose n'est renfermé que dans le sein unique de la Providence. Ces hommes supérieurs que l'on compte, non dans la succession des années, mais dans la révolution des siécles, en reçoivent quelques rayons. Ce sont en eux comme des émanations de cet esprit universel qui domine sur tous les êtres; & lorsqu'ils s'élevent de plus près vers ces hautes lumieres, ils s'associent en quelque sorte à une fonction céleste, à une science réellement divine par son immensité, par la grandeur de son objet, & par la dignité de sa fin.

Je me borne, Monsieur, à vous rappeler, par ce court exposé, le souvenir de ce nombre d'écrits estimables, que la solemnité d'un pareil éloge a produits dans le tems parmi nous, & passe tout de suite à l'essentiel de mon objet, à mon engagement principal, qui est l'examen des principes de l'administration de M. Colbert; administration supérieure & unique, sur laquelle la gloire de ce Ministre a été justement élevée.

Quelques notions qu'on en ait données dans ces diverses productions, la plupart excellentes, il me semble que le secret de cet important ministere, n'a pas été malgré cela entiérement pénétré. Je vais donc, puisque vous l'avez exigé, me livrer au même examen, avec toute l'application que je pourrai y apporter, afin d'aider à faire connoître si l'administration dont il s'agit a réellement renfermé quelques erreurs, ou si les principes en sont généralement sains, & contiennent des regles propres à être encore suivies par ceux que la Providence appelle à la conduite des Etats. Voilà l'unique fruit à se proposer dans un travail de la nature de celui-ci. Une si noble étude devient même l'hommage le plus flatteur qu'on puisse rendre à ces hommes assez grands & plus encore assez heureux pour que leurs lumieres & leurs travaux soient dignes de servir d'exemple à leur postérité.

Un Particulier inconnu, qui s'exprime avec respect sur des sujets si graves, & dont le sentiment n'a que le poids & les conséquences que le Lecteur lui accorde, peut prendre son parti dans ces matieres. Ainsi entre les opinions qui se sont élevées depuis un certain nombre d'années, sur les principes qui ont dirigé le ministere de M. Colbert, j'ose me décider & me déclarer entiérement pour la justesse de ces mêmes principes. En cela je sais que ma maniere de penser s'accorde en beaucoup de points avec celle d'une foule de ses Panégyristes : je vais aussi sans rivalité, mais uniquement par zele pour la vérité, mettre mes idées à côté des leurs. On jugera en quoi elles s'y conformeront ou s'en écarteront quelquefois. Ce concours contribuera peut-être à donner une idée plus juste, d'un Ministre fort loué ou fort cité, sans qu'on puisse dire cependant qu'il soit entiérement connu : du moins cet écrit jetera quelques lumieres de plus sur des objets qui doivent être à toujours intéressans pour la félicité publique.

Mon assertion paroîtra sans doute hardie; mais je n'hésiterai point à avancer que M. Colbert est le premier de nos Ministres qui ait connu l'administration spécialement propre à la France; qui ait fondé, en la mettant en pratique, sa richesse & sa force, enfin qui ait posé dans presque toutes les parties de son gouvernement économique des principes incontestables par leur justesse; en un mot, des principes qui sont tels, que, malgré l'altération que l'Etat de l'Europe a soufferte, ils n'ont pas dû & ne doivent point encore être révoqués.

Des Ministres d'un génie puissant ont élevé fort haut la puissance politique & la grandeur relative de la France. La postérité rend avec justice hommage à leur mémoire. Je ne parlerai point ici de ce dernier genre de services, à la vérité éclatans, mais toujours infiniment coûteux au Peuple. Je fixe seulement mon attention sur ces Ministres, dont les travaux ont porté sur la grandeur positive & intérieure de l'Etat, sur la meilleure direction & le plus parfait emploi de ses forces; & je dis que dans cet ordre la France ne connoît que deux hommes, M. de Sully & M. de Colbert, qui l'ayent éminemment servie dans cette partie essentielle, dont le succès est un gage de succès dans toutes les autres. L'un & l'autre de ces hommes d'Etat, dont les noms ne périront jamais, nous ont laissé un modele, où, si l'on veut, un plan d'administration qu'il sera sans cesse instructif de méditer : c'est encore sur leurs opérations que l'on porte journellement les yeux, lorsque l'on parle ou que l'on s'occupe de quelque maniere que ce soit du bonheur public en ce genre.

Avant d'examiner la nature de ces plans, donnons auparavant une idée de l'un l'un & l'autre de ces Ministres célebres.

M. de Sully fut à la fois homme de guerre & de cabinet. Destiné par sa naissance & son éducation au premier genre de services, dont on peut dire qu'il s'acquitta avec gloire, il se fixa ensuite entiérement au second, pour lequel la Nature l'avoit également & même plus particulierement formé. Le zele, l'économie & une extrême vigilance, furent les principaux caracteres de son administration; & l'on peut juger combien ses travaux en ce genre furent parfaits, & combien tout à la fois ces moyens simples sont puissans dans un Etat, puisque avec leur seul secours il parvint à rétablir les forces d'un Royaume presque entiérement épuisé : ce qui montre assez que l'ordre, quand il est porté à ce haut degré, suffit quelquefois, même dans le plus vaste Empire, pour produire une heureuse administration. Cependant M. de Sully,

B

outre cette vertu qui lui fut propre, eût encore un plan formé & accommodé dans ses vues à la prospérité de la France. Il paroît qu'il l'appuya en entier sur la vivification de son territoire & la parfaite culture de ses terres. Ce grand objet fut réellement le point dont il fit tout dépendre. La perfection de l'impôt public, sa douceur dans les campagnes, la résidence des grands propriétaires dans leurs terres, la modestie des dépenses de la Cour, l'ordre dans les revenus publics, la liberté du commerce des grains, une attention proportionnée aux Arts simples, exclusivement aux Arts de luxe & de goût; tels furent les ressorts qu'il employa pour procurer à la France cette riche Agriculture, qu'il jugea devoir faire seule toute sa prospérité. On peut croire qu'il n'eût pas l'idée de pousser celle-ci par le commerce, par les colonies, par l'établissement des manufactures de tout genre, en un mot, par un grand travail industrieux au sein de la Nation. On voit même qu'il ne fit pas entrer dans son plan tous les moyens divers qui formerent le systême propre & l'objet des travaux particuliers de Colbert ; ou, s'il conçut quelques-uns de ces mêmes projets, il ne les exécuta pas, ayant laissé presque tout à faire après lui dans ce genre d'établissemens. Aussi son ministere est-il principalement mémorable par ces caracteres marqués de regle & d'économie dont on vient de parler. A ces principes simples, qui furent, on en convient, vraiment éclairés en lui, il joignit de hautes qualités personnelles, un caractere de vertu, même sévere, qu'il soutint invariablement dans toutes les situations, dans sa vie publique & privée, à la Cour de son Maître, & souvent contre son Maître même.

Avec toutes ces perfections, M. de Sully eut dans sa place divers autres avantages infiniment favorables à sa gloire. Il eût d'abord celui d'être honoré par son Souverain d'un très-grand pouvoir, ce qui est d'un secours infini pour servir avec fruit ; il en eut un plus grand, qui fut d'être soutenu par ses vertus & guidé par son infinie capacité, car Henri IV fut un Roi qui régna dans le fait, autant par ses propres lumieres ; que par les qualités de son ame. Ce Prince, que le Ciel avoit si parfaitement formé pour gouverner les hommes, se montra d'une part si éclairé par lui-même, qu'on peut dire avec vérité qu'il eût toujours dirigé les esprits les plus excellens ; & de l'autre, si supérieur à tous par l'élévation de son ame ; que quelque portion de son autorité qu'il fût venu à confier, il n'eût jamais pu faire qu'un Ministre & non un Maître dans son état. Enfin Sully eut un autre bonheur ; bonheur unique, celui d'avoir été attaché à la personne de Henri, de l'avoir aimé, servi de ses conseils, de ses biens, de son sang dans ses diverses fortunes, avant de le servir comme Monarque. Ce personnage de compagnon, d'ami du plus parfait des hommes, qui devint ensuite le plus grand des Rois, donne à l'existence de M. de Sully dans les affaires, un caractere si éclatant, que nul ministere n'est comparable au sien à cet égard. Aussi ces grands noms qui se sont unis & comme confondus l'un avec l'autre, marchent aujourd'hui ensemble à l'immortalité. Il ne se présente point à nos yeux dans les fastes des tems de gloire plus touchante & plus belle : le nom de Sully, malgré l'éclat infini & toujours croissant du grand nom de Henri, ne perd rien de son lustre. Ouï, sans doute, dans cet honorable rapprochement une partie de la gloire du Maître se réfléchit sur le sujet, & lui prête une partie de son éclat ; mais aussi cette glorieuse union offre ceci de singulier, qui est, que Sully en se montrant plus vertueux dans plusieurs momens, contribue à son tour à faire paroître Henri encore plus grand, parce que le Souverain vaincu dans ses passions par la vertu inflexible de son Ministre, en cédant à ses conseils, s'éleve alors au-dessus de cette vertu même. Voilà, Monsieur, le rôle de grandeur que la Providence a accordé à M. de Sully, Ministre digne d'envie, dont on ne parle qu'avec vénération, comme l'on ne parle de son Maître qu'avec des larmes; seul exemple sur la terre d'une douleur qui ne fait que s'accroître avec le tems; mais comme je l'ai dit, l'esprit distinctif de ce ministere, que je m'occupe principalement à vous faire connoître dans ce travail, fut l'extrême regle dans le gouvernement des finances. Avec le secours de l'ordre & par des opérations toutes de ce genre, il parvint à libérer l'Etat, à former au Souverain un fonds d'épargne considérable; signe évident d'une foule d'autres prospérités qui précedent nécessairement celle-ci. M. de Sully s'appliqua de plus à corriger les désordres du corps de la finance, qui n'avoit pas acquis pour lors les principes & les lumieres qu'il montre de nos jours. Egalement sévere contre les demandes de la Cour, il porta ses regards par préférence vers le peuple, sur-tout vers le peuple des campagnes, premiere & principale force d'un Etat, vers ce peuple que Henri lui-même avoit sans cesse devant les yeux, & qui a fait dire à ce grand Roi un mot, que l'humanité a consacré comme le trait de sentiment le plus précieux, que la bouche des Souverains ait jamais prononcée : en un mot, Sully digne, pour tout dire, de Henri, gouverna tout à la fois selon le cœur & l'esprit de son Maître.

Colbert n'eut ni les avantages de cette grande naissance, ni ceux d'un pouvoir principal, ni tous ces rapports glorieux qui entrerent dans l'élévation de Sully, & furent d'un si grand secours à ses services ; mais Colbert privé de ces avantages & de ces appuis, n'a montré que plus de grandeur personnelle : sa fortune fut entièrement son propre ouvrage. Né pour l'étude, formé, exercé par elle, il dût son élévation à son seul génie. Avec les mêmes qualités d'amour de l'ordre, sans lesquelles il est vrai de dire, qu'un Ministre des Finances ne peut produire aucun fruit durable, il fut, non pas simplement l'économe des tributs & des dépenses, le ministre de l'argent, mais celui de la richesse réelle de l'Etat. Ce n'est pas trop dire que d'avancer qu'il connut le premier & pleinement sa vraie destination, tous ses dons naturels, & par l'emploi qu'on en pouvoit faire, le rang qu'il devoit avoir parmi les autres sociétés de l'Europe. Son coup-d'œil sur ce Royaume, dont il eut la fortune à diriger, fut aussi juste que sublime. Dans les progrès que la marche des Nations de l'Europe commençoit à indiquer, on voit qu'il pénétra d'avance jusqu'aux sources de ce qui alloit faire leur population, leur richesse & leur force. Son syſtême simple & vaſte embraſſa & lia tout; art primitif & eſſentiel de l'agriculture, arts induſtrieux & néceſſaires, arts libéraux, arts voluptuaires & de goût. Colbert en génie habile, apperçut leur filiation, leur chaîne étroite entre eux, sur-tout leur réaction ſur le premier de tous les arts. D'après une vue auſſi étendue il opéra, portant ſes travaux depuis le ſoc de la charrue juſqu'à l'aiguille, juſqu'au pinceau. Travaillant ſans ceſſe ſur ce plan magnifique, il mit tout en mouvement dans ce Royaume; il créa toutes les proſpérités auxquelles il peut être appelé, & il eſt vrai de dire que nous les lui devons toutes. C'eſt lui qui nous a tracé dans une foule de loix, les meilleurs principes ſur le plus grand nombre des objets, vrais élémens d'une parfaite administration. En un mot, ce miniſtere, réellement unique, s'eſt élevé bien au-deſſus de ces geſtions, même vantées, que le plus grand ordre & la pureté personnelle la plus exacte caractérisent. M. de Colbert se distingua nonseulement par les mêmes qualités dont M. de Sully lui avoit donné l'exemple; il fit plus encore: en faisant contribuer les Sujets de l'Etat, il rendit réellement l'Etat plus fort; en imposant il donna par toutes ses dispositions la puissance de payer davantage. Par lui tous nos biens naturels & acquis furent perfectionnés; par lui nous en obtînmes de nouveaux & d'inconnus; de cette sorte, ce Ministre aggrandit réellement & de fait pour le Monarque ses Etats, en lui procurant une terre plus riche & des Sujets plus nombreux. Voilà les caracteres rares & grands, auxquels on peut reconnoître l'administration de M. Colbert. Il fut Ministre, créateur & législateur dans sa partie; qualité suprême qui met dans une classe à part tout administrateur de cet ordre: on jugera plus particulierement de ce que je viens de dire, par l'examen auquel je vais me livrer.

Le grand principe qui dirigea les travaux de Colbert, celui qui lui parut par son influence devoir donner la vie à tout ce qui constitue la fortune de la France ; le principe qui explique tout son système, qui seul regle toutes les autres parties subordonnées d'administration qu'embrasse l'économie générale ; en un mot, ce principe si actif dans ses vues ministérielles, fut l'établissement des manufactures de tout genre, l'encouragement des différens arts, & l'accroissement du commerce pour augmenter la richesse fonciere & territoriale de l'État.

On ne verra peut-être pas au premier coup d'œil l'infinie fécondité d'une vue aussi simple ; cependant elle contient tout : c'est par cette voie seule qu'il est parvenu au développement de toutes les forces de ce Royaume. Voilà l'unique plan qui a enfanté toutes ces belles loix qu'on peut appeler quant au fond, le vrai code du Gouvernement François. Pour qu'on en puisse porter un jugement fondé, il est nécessaire d'offrir auparavant quelques réflexions générales.

Le premier pas d'un Ministre des Finances est évidemment de connoître avec la plus grande précision l'objet qu'il traite. C'est l'étendue d'un pays, la fertilité de ses terres, leur position, le génie de ses Habitans ; ce sont ses loix, sa constitution publique, enfin tous ces objets combinés selon leur ordre & leur influence qui doivent & peuvent régler les plans de l'homme qui prend en mains cette importante direction.

Il est sensible que de la plus parfaite combinaison de tous ces points dépend le bon système & que du choix parfait de ce système & de la persévérance dans son exécution dépend aussi le bien économique d'un État, quel qu'il soit.

Ces principes connus & avoués comme ils le sont, pour mieux juger de leur application par rapport à la France, dans le système de Colbert, jetons encore un coup d'œil sur la situation générale & particuliere des divers États de l'Europe qui sont en relation & tout à la fois en rivalité de biens entr'eux.

D'abord, on doit considérer l'Europe comme dominant aujourd'hui par sa force sur presque tout le globe dont elle a changé l'État, ou du moins comme faisant la destinée d'une multitude de Pays & de Peuples, par sa seule influence. La supériorité de ses arts, celle de ses connoissances lui ont acquis cet empire surprenant ; empire qui appartiendra toujours au pays le plutôt ou le plus civilisé. Ainsi l'Europe dominatrice des autres parties de la terre, en occupe les pays les plus riches par sa puissance, ou ce qui est la même chose, par son commerce ; elle a mis à son service & les productions qui y croissent, & même, ce qui est sans doute trop aux yeux de l'humanité, jusqu'aux hommes qui y naissent, de sorte qu'elle joint aux richesses de son sol les biens subsidiaires de tous les climats & de tous les lieux, & qu'étant placée par le local & par son rang sur la plus petite portion du globe, elle vit, par son empire, sur toutes les autres. Dans ce haut degré de fortune qui aura sa décadence pour cette partie du monde, comme pour un État particulier, les divers Pays qui la composent, partagent plus ou moins cette grande Puissance. Il existe chez elle des Pays à qui la nature a donné tous les avantages & dont le bien être s'est trouvé combattu, ou par la constitution des Gouvernemens, ou par le trop grand partage des Souverainetés, ou enfin par le défaut d'application de Loix propres à leur prospérité.

Dans l'un de ces cas se trouve l'Italie, dont le terroir infiniment riche, le ciel très-heureux, la situation fort favorable; mais la trop grande division des États qui la composent, leur défaut d'assiette politique, la nature des Gouvernemens qui y existent, peut-être encore les faveurs excessives de la nature (car cet avantage avec celui du climat est un obstacle plus réel qu'on ne croit au travail des hommes); toutes ces causes, dis-je, ont empêché que cette belle partie de l'Europe ne se mît à la place que la nature lui avoit assignée.

Dans un autre de ces cas se trouve l'Espagne, unie aujourd'hui à-peu-près en une seule domination, autrefois riche & cultivée, maintenant affoiblie & profondément attaquée dans les bases de sa richesse, pour avoir pris le change dans un moment décisif sur les véritables causes qui la constituent. Elle fit la faute, faute presque irréparable, de préférer la possession des métaux, au loin, à la culture, auprès de ses denrées : faussement abusée sur ses nouvelles découvertes, elle ne vit pas qu'elle alloit demander à la terre le moins, quand elle pouvoit en retirer le plus ;

en un mot changer des richesses primitives & essentielles contre des productions d'un prix conventionnel. Ce qui étonne, c'est que cette illusion ait saisi son conseil qu'elle ne devoit point séduire, aussi facilement qu'elle frappa les individus de la Nation qu'elle étoit faite pour déterminer. En effet, cette possession pouvoit seulement enrichir pendant un tems les hommes qui iroient puiser dans ces sources nouvellement ouvertes, tandis qu'elle devoit ruiner inévitablement le corps de l'Etat, assez aveugle pour présenter un appât si dangereux pour lui. L'illusion de sa part fut extrême : il ne s'apperçut pas qu'une fortune prompte & considérable ne fut jamais celle d'un Etat entier ; qu'elle n'est telle que pour des particuliers ; que la premiere, par sa nature, devant être une fortune générale, ne peut être par conséquent que lente & progressive ; qu'un Royaume doit la créer, la produire, la faire naître ; qu'il ne ne s'enrichit point comme les particuliers par la possession des métaux, ou du moins qu'il n'obtient alors que la richesse d'un moment, parce que la sienne est éternelle, foncière, qu'elle ne consiste pas dans les signes, mais dans les biens effectifs, & que pour être solide & mériter ce nom, elle doit être sa production & non son acquisition. Toutes ces vérités se vérifierent : la facile acquisition de richesses fictives considérables tenta tous les Sujets ; ils coururent à la fortune rapide par les métaux (elle suffisoit pour eux) & laisserent la fortune lente de la culture qui convenoit seule à l'Etat : mais la faute une fois faite, l'appât devint invincible & devoit l'être. La Métropole se dépeupla ; les moyens en furent enlevés, & bientôt avec le retour de ces richesses rapidement accumulées, & à l'aide encore du climat, il s'introduisit dans cette Nation un esprit fort opposé au travail, très-difficile à changer, lorsque après avoir été contracté, il se tourne en caractere, & que l'opinion générale le consacre d'un nom qui ne lui appartient pas. Ainsi, comme on voit, ce fut une simple erreur de l'esprit, une erreur de quelques heures dans le Conseil d'Espagne, qui jeta ce bel Etat, peut-être pour toujours, hors des routes de sa prospérité; erreur qui subsiste depuis tant de tems, qu'elle ne peut presque plus se rectifier sans de longs efforts, lesquels sont encore incertains pour le succès, & ne sont pas même exempts de dangers. Dès ce moment la puissance artificielle & secondaire a pris forcément chez cette Nation, d'ailleurs distinguée, la place de la puissance réelle & centrale. Tout s'y est plié: cette fausse prospérité supplée encore de nos jours la prospérité véritable, de telle maniere que la destruction de l'une n'assureroit peut-être pas sans beaucoup de tems & de peines le remplacement de l'autre. Dans ce moment, qui fut pour l'Espagne d'une si grande importance, il lui manqua sans doute d'avoir un Ministre comme Colbert. Son conseil fit précisément l'opposé de ce que ce grand homme fit depuis pour la France. L'Espagne fut déplacée, détournée de sa voie naturelle, tandis que Colbert fixa à jamais son pays dans ses voies propres & dans son vrai systême.

Il est d'autres Etats en Europe à qui la Nature a peu ou moins accordé du côté du sol, qui ont en outre contre eux le trop grand partage des Souverainetés, & dont la situation n'est point généralement aussi avantageuse. Dans cette classe sont plusieurs pays du Nord, l'Allemagne & la Hollande. Cette derniere plus pauvre que les autres dans son territoire, en a été dédommagée par sa situation qui l'a invitée, disons plus, obligée à raison même de cette pauvreté, de se livrer à la navigation & au commerce. Aussi a-t-elle pleinement profité de cette situation pour s'acquérir une sorte de prospérité, à la vérité, dépendante & sujette, par sa nature, à une revendication éternelle, mais en même tems sous un autre aspect beaucoup plus solide qu'on ne croit, parce que les mœurs, les négligences & autres fautes inséparables des grands Etats, perpétuent plus qu'on ne peut imaginer, les prérogatives des pays économes & purement industrieux.

Parmi les différens pays de l'Europe que je parcours sommairement, il en est un autre isolé du continent, dont l'étendue est suffisamment vaste, aujourd'hui réuni sous les mêmes loix, assez heureusement doué des richesses du sol, infiniment favorisé par sa situation, & par-dessus tout cela puissamment excité, par un gouvernement libre, à obtenir dans la société générale les plus grands avantages ; car il faut regarder que la constitution est aux Etats, ce que la vigueur de l'ame & du corps est aux individus ; l'un & l'autre font que les corps politiques, comme les hommes en particulier, valent tout ce qu'ils peuvent valoir. L'Angleterre s'est trouvée dans l'heureuse position dont on vient de parler; elle en a profité. Sa richesse réelle & sa richesse de fortune, pour ainsi parler, sont au plus haut point, avec cette différence que celle-ci surpasse infiniment la premiere, & que l'édifice beaucoup plus vaste que les fondemens, pourroit peut-être indiquer à des yeux attentifs un manque de solidité. Quoi qu'il en soit, ses loix par leur police hardie & nouvelle (mélange heureux de la force active des Monarchies, & du ressort puissant des Républiques) ont enfanté chez elle ce génie qui la fait prédominer; génie à la fois commerçant, guerrier, philosophe, spéculateur, qui l'a portée au point où elle se trouve, en donnant à ses avantages naturels toute la valeur dont ils étoient susceptibles: enfin l'Angleterre, ce pays à part qu'on ne doit comparer à aucun autre, soit dans son Etat propre, soit dans ses institutions, a contribué principalement à la révolution qui s'est opérée dans le système de fortune de l'Europe, en faisant elle-même des pas immenses dans cette carriere, qui sont plus ou moins solides.

Au milieu de ces différentes dominations diversement favorisées, & aussi diversement traitées par leurs loix de gouvernement, il existoit un Etat plus grand, plus heureux, qui sembloit seul avoir les prérogatives de tous les autres. Situé sur les deux mers, il touchoit au nord & au midi; il avoit chez lui les productions de presque tous les Pays, & des productions exclusives d'un usage général; avantage unique qui le rendoit indépendant pour ses besoins, & concentroit en lui sa propre fortune, & jusqu'à celle d'autrui. Le génie de ses Peuples participant de ses climats divers, étoit maniable, sensible, mêlé d'honneur & d'agrémens. Son gouvernement doux, un, tempéré, combiné avec l'activité de ses Habitans, équivaloit au ressort puissant de la liberté.

Ce Pays, que la Nature sembloit avoir privilégié, & dont alors encore on n'avoit point développé tous les avantages, ce pays, dis-je, est la France. La Providence en commit la destinée en 1662, à un homme d'abord subalterne, simple ouvrier sous Mazarin, & bientôt homme d'Etat, & grand Ministre quand il opéra par lui-même.

M. Colbert, qui est cet homme mémorable, jeta les yeux sur le bel état dont la prospérité venoit de lui être spécialement confiée. Telle est aussi dans la réalité l'importance du ministere dont il fut chargé, qu'on peut dire qu'il embrasse par ses fonctions toutes les sources de la richesse d'un Royaume ; & lorsqu'on en considere les difficiles devoirs, on sent de plus qu'il est bien plutôt fait pour les rendre abondantes & en faire naître de nouvelles qu'il n'est précisément institué pour y puiser.

Le corps de la Monarchie étoit admirable ; les matériaux vastes, ce qui aide si fort au génie qui ne peut opérer en grand, que lorsque l'objet par son étendue est proportionné à ses forces.

Colbert se trouva entiérement en mesure avec sa tâche. Il le fut en bien d'autres points également nécessaires aux opérations d'un grand Ministre. De ce coup-d'œil qui atteint jusqu'au terme des choses, il apperçut toute la portée de son objet. Il reconnut que le Royaume, dont l'économie étoit entre ses mains, pouvoit être riche en culture, magnifique dans les arts, inimitable par le goût de ses travaux, égal aux plus vigilans, supérieur à tous les autres par son commerce, puissant dans sa Marine comme dans ses Armées ; enfin qu'une Agriculture animée, soutenue d'une grande Industrie, pouvoit couvrir un des plus beaux Empires de la plus nombreuse & de la plus active population.

Il falloit produire tout cela par une

de ces causes fécondes, propres à mettre en mouvement toutes les parties d'un si grand ouvrage. Ce fut aussi une cause simple, mais infinie dans ses effets, qui donna à tout une impulsion efficace; Colbert la trouva dans l'institution des Arts d'industrie & des Manufactures de toute espece, ou pour mieux développer mon idée, dans l'établissement d'un travail immense sur toute la surface du territoire, au-dedans, au-dehors, à la mer, & jusques dans les pays lointains: travail qui devoit être entretenu par tous les Arts propres à l'homme, par les relations du commerce, l'occupation & la culture de terres éloignées. Toutes ces prospérités qui sont celles où aspirent les Peuples riches & civilisés, appartenoient incontestablement à la France. Par je ne sais combien de causes elle ne s'en étoit pas mise jusqu'alors en possession; peut-être avoit-elle ignoré les droits plus particuliers qu'elle y avoit; peut-être & plus vraisemblablement, il lui avoit manqué un grand homme qui sentît ses prérogatives à cet égard, & sçût l'en faire jouir.

Ce seroit un tableau aussi magnifique que surprenant pour l'imagination, que d'offrir aux yeux tous les établissemens formés sur ce plan par Colbert, sans parler des travaux accessoires dont il les a accompagnés. On a beau les connoître, ils paroissent incroyables quand on les compare aux forces d'un seul homme, aux bornes du tems, à tous les devoirs & autres vides d'une place principale. Tout ce que l'on peut dire, c'est que la somme de tous ces travaux est incompréhensible. Il n'y a presque pas d'objet dans l'ordre de l'économie publique, dont le champ est si étendu, qui n'ait été créé ou perfectionné par ce Ministre. Il seroit infini de vous en tracer tous les détails. Les principaux seulement se trouveront répandus dans cet écrit, mon dessein n'étant que d'examiner d'une vue générale le véritable esprit de ce Ministere, ce qui servira à faire juger des fondemens des systêmes modernes, par lesquels on a combattu en partie sa doctrine.

C'est un reproche mal fondé, accrédité depuis un certain nombre d'années par plusieurs Ecrivains, d'ailleurs très-estimables, & que les Panégyristes de Colbert en dernier lieu n'ont pas même rejeté pour la plupart, que celui fait à ce Ministre d'avoir méconnu le véritable principe de la prospérité publique, en favorisant les Arts & les Manufactures au préjudice de l'Agriculture.

Cette opinion s'est répandue, fortifiée, jusqu'au point de faire une révolution dans les esprits, si même elle n'a déjà produit en partie cet effet. On l'a presque regardée comme une vraie découverte, dont notre Gouvernement devoit profiter. Bientôt un nouveau genre d'émulation, certainement utile à bien des égards, mais pas assez décisif dans ses effets, a saisi toute la France.

On a écrit, discuté, formé des projets, inventé pour cet Art des instrumens, ou nouveaux, ou plus simples, indiqué des méthodes, proposé des récompenses. Finalement ce mouvement général dans les esprits, digne d'éloges en lui-même, a fini par provoquer cette Loi importante de la liberté du commerce des grains au-dehors, qui devoit couronner, comme on l'espéroit, tous nos succès en ce genre.

Foibles juges que nous sommes, nous nous amusons en enfans autour d'un objet aussi sérieux. Tous ces efforts estimables en eux-mêmes sont, à la vérité, des aides pour les progrès de cet Art primitif. Il est bon sans contredit de ne les pas négliger. Mais ce qui sert à l'Agriculture n'est pas ce qui la fait naître, ce qui la fait s'accroître & s'étendre. Un si grand effet a bien d'autres causes; & si M. Colbert se fût trompé sur ce point, son système eût péché par la base la plus essentielle. Tout cet amas de travaux que notre admiration confacre, ne feroit plus qu'une erreur brillante, un guide dangereux à préfenter : voilà ce qu'il importe d'examiner.

Quand on a réfléchi fur une matiere fi profonde, on ne tarde pas à fe former d'autres idées, & l'on reconnoît bientôt avec évidence, que l'Agriculture livrée à elle feule, quelques foins qu'on lui donne, ne fauroit par fes feules forces acquérir une grande étendue, ni former une profpérité confidérable pour un Etat : entrons, s'il eft poffible, plus avant dans la matiere, & jugeons.

Toute Agriculture conduite par la vue feule du fol fans le fecours des Arts, ne peut avoir qu'une fphere peu vafte, parce qu'elle fe borne néceffairement aux befoins en ce genre de la maffe des hommes qui cultivent, & de ceux qui fervent à cette exploitation : voilà ce qui eft vrai dans la thefe générale. Que fi un Etat en particulier prétend étendre la fienne par les ventes qu'il se procurera au-dehors, qui ne voit que dès ce moment il touche de deux manieres à de nouvelles limites; premierement, parce que l'Agriculture a les siennes en elle-même, peu d'hommes suffisant par leur travail pour faire produire à la terre les matieres de subsistance pour un grand nombre d'autres; secondement, parce que la consommation étrangere est également limitée, chaque pays ayant ses terres, sa vigilance pour les cultiver, & sa concurrence pour en nourrir les pays pauvres. L'esprit d'un tel procédé, est évidemment de traiter l'Agriculture comme objet de commerce; or, je dis que quand elle a une fois pris ce caractere, elle recule invinciblement sur elle-même, & n'est propre qu'à appauvrir un pays qui dirige ainsi ses forces. Veut-on au contraire que cette Agriculture n'ait point de bornes ? Il n'est qu'une voie pour y réussir, & cette voie est celle tracée par Colbert. Le puissant véhicule dont je veux parler, est un grand travail additionnel sur une terre naturellement féconde; travail qui procure à un pays ainsi avantagé, un accroissement perpétuel & successif de culture par ses travaux, & de travaux par sa culture.

Ces vérités furent sans doute le premier fondement du plan économique de ce Ministre, elles le furent de cette partie essentielle de son administration qu'on lui a reprochée cependant comme une erreur, & dont tout cet Ouvrage développera, à ce que j'espere, l'entiere solidité.

S'il est constant que toute Agriculture, généralement parlant, s'arrête quand elle n'est point excitée par quelque cause étrangere à elle-même : cela posé, il est clair que cette cause motrice ne peut se trouver que dans les Arts d'industrie & de commerce, lesquels donnant aux propriétaires des terres leurs productions préparées, accommodées, façonnées, en échange des fruits de la terre que ces propriétaires ont de trop, les invitent à multiplier les subsistances, pour multiplier leurs satisfactions ou leurs facultés. Ce sont donc les Arts unis au commerce, c'est en un mot le travail actif & productif de toute espece, qui fait aller par-tout Pays cette Manufacture premiere avec une force toute puissante. Ce premier Art qui donne la vie à tous, a aussi son principe de vie qui n'est point en lui seul, mais dans les Arts secondaires qu'il engendre. Ceux-ci naissent d'abord de lui; ils en sont les enfans, mais ils en deviennent à leur tour les peres; & quoique tous portent & subsistent sur cette terre, notre commun élément, celle-ci languit & reste inanimée sans leurs secours; seuls ils l'excitent; seuls ils l'étendent; seuls ils la font prospérer.

M. Colbert au lieu d'affoiblir l'Agriculture, comme on l'a cru trop facilement,

facilement, par sa trop grande attention à l'établissement des arts laborieux, a donc mis la main, en Administrateur habile, sur les Moteurs les plus réels de cette prospérité premiere : ces vérités sont si importantes, qu'il faut les rendre, s'il se peut, entierement palpables & sensibles.

En parlant politiquement & même physiquement dans un certain sens, il est vrai de dire que l'homme a sa racine dans la terre de même que toutes les productions qui le nourrissent. Par-tout où un être peut subsister, cet être y croît pour ainsi parler, ou, si l'on veut, s'y forme par un autre attrait de la nature, à moins que des causes particulieres ne contrarient un ordre qui tient à des loix si puissantes. Donc, à diviser la terre par la masse des subsistances & ayant égard à la somme des besoins par la différence des mœurs, on pourroit, de même qu'on mesure & arpente la terre pour l'étendue, y nombrer les hommes par le sol productif qui y existe. Ainsi l'Agriculture généralement parlant, est réellement la base comme la mesure de la population. Elle se présente aux yeux comme le tronc de cet arbre qui porte ce fruit précieux, l'espece humaine; en même tems, en suivant toujours cette image qui est vraie, on voit que les arts industrieux en sont les branches ; & de même que dans la végétation, celles-ci donnent les fruits, de même les arts portent dans la vérité la plus nombreuse population ; sans eux l'arbre ne seroit qu'un tronc stérile qui s'étendroit peu & ne répandroit point sur un nombre infini de rameaux & la seve & la vie.

La justesse de cette figure va se montrer avec plus de clarté encore dans le tableau qui va suivre.

On connoît sur la terre des Peuples presqu'entierement ignorans de l'agriculture ; on dit presque, parce qu'il en est peu qui ne cultivent quelques fruits. Parmi ces Peuples, les uns vivent de la chasse, d'autres de la pêche, d'autres enfin de leurs troupeaux : ces derniers s'approchent déjà un peu de l'agriculture. D'autres enfin, comme les grands Peuples connus, sont agricoles & jouissent en même tems des avantages qui font subsister tous les autres. Tous ces premiers Peuples plongés dans cette ignorance ou cette inertie par la nature du climat, peuvent être regardés comme n'existans pas, ou du moins comme fort dégradés de leur être. L'homme, qui comme toutes les autres especes, produit des hommes de son corps, a seul le privilége d'en produire encore par son travail, lequel donne réellement, avec la premiere cause, la vie à une multitude d'êtres : ainsi celui qui ne fait que vivre & se reproduire ne sort pas de la classe des animaux qui ne sont sur la terre que pour subsister & se perpétuer. Le seul travail utile caractérise l'homme, & tandis qu'il ne produit rien au-delà de lui-même, il descend de son espece, ou plutôt il ne s'y éleve pas.

Le Peuple chasseur nécessairement épars, isolé, est aussi fort borné. On dit borné, parce que chaque homme ne suffit guere dans cet état qu'à sa subsistance, ou à peu près. Le Peuple adonné à la pêche, un peu plus réuni, est aussi un peu plus étendu, parce que moins d'hommes peuvent procurer la nourriture à un plus grand nombre d'autres : aussi la pêche est-elle à quelques égards une sorte d'agriculture. Le Peuple pasteur doit aussi être plus considérable, parce qu'il est impossible qu'en se livrant à l'éducation des troupeaux, qui est une occupation sédentaire, continue, qui l'approche perpétuellement de la terre, il ne soit tenté de chercher dans son sein, & de lui demander ce que ce sein ouvert & libéral lui présente souvent de lui-même.

Quant au Peuple agricole, il est véritablement le roi de ce globe, & mérite de l'être. Il a pris de fait possession de son domaine ; il s'en est rendu légitime propriétaire au titre de son occupation utile & de son travail. Tandis que les Peuples qui tirent leur subsistance de la chasse, de la pêche & de divers animaux, quelquefois même de ceux de leur espece, vivent comme les bêtes de destructions, le Peuple agricole vit avec gloire de productions, ne détruit rien, crée au contraire ou fait naître & travaille, non-seulement pour lui, mais pour tout ce qui respire. Toute terre cultivable & inculte accuse visiblement l'Être intelligent qui étouffe dans son sein le germe de population qui y existe. L'Agriculteur satisfait à ce devoir & les vues de la création sont par lui remplies. Un tel Peuple aura bientôt des loix ; il s'étendra ; il aspirera incessamment à avoir un gouvernement, ce qui n'est d'abord que la volonté d'être libre, ou le desir de sa sûreté ; premier besoin qui se fait sentir à l'esprit de l'homme, quand il a satisfait à ceux de son corps, à ceux de premiere nécessité. Ce Peuple enfin parvient par degrés & par la réunion des autres arts, à former une nombreuse société. C'est alors, que marchant de besoins en besoins aux connoissances diverses, & des lumieres aux vices que ceux-ci malheureusement accompagnent toujours, il en voit naître pour dernier fruit, les effets de ces passions terribles pour la société & pour son propre être ; tyrans fâcheux qui alterent, défigurent ce premier état de richesse & de prospérité, & lui font regretter quelquefois les tems de sa pauvreté & de son ignorance. Telle est la marche, tel est le cercle nécessaire de l'homme placé sur la terre, de cet être perfectible qui ne peut rester dans l'ignorance sans des forces supérieures à son activité, & qui par une suite de cette perfectibilité invincible en lui, ne peut jouir heureusement de ses découvertes, parce que de même qu'il est forcé par sa nature à se créer sans fin des biens nouveaux, il semble être entraîné par ses passions à les altérer & à en abuser sans cesse.

Après ces réflexions qui se trouvent sur la voie de notre travail & qui nous réposent un moment, revenons à notre sujet.

Nous avons déjà vu que l'agriculture seule n'étendoit point l'agriculture, & que la force qui l'anime n'existoit pas en elle-même. On peut ajouter que seule elle ne sauroit procurer la richesse des États en particulier; elle est à la vérité le premier bien, la base sur laquelle tout s'édifie par toute terre; mais les travaux sans nombre qui s'exercent sur ses productions sont aussi d'autres valeurs incalculables, qui forment ce qu'on appele la richesse des Nations. L'agriculture dépourvue de la société des arts, peut faire vivre & subsister un Peuple; mais il n'appartient qu'à ceux-ci de l'élever jusqu'à l'état d'opulence qui n'est autre chose que la multitude des productions naturelles & artificielles appliquées à la multitude des besoins de l'homme, qui sont infinis dans un être doué d'intelligence. Cette opulence ne peut naître absolument que de l'action la plus animée en tout genre de travaux : action qui faisant demander à la terre tout ce qu'elle peut donner, la fructifie à l'infini, la crée elle-même en quelque sorte & lui fait produire par son impulsion & des fruits & des hommes sans nombre, qui sans ce surcroît de travaux n'eussent évidemment jamais existé.

C'est-là réellement ce qui constitue la richesse des Peuples particuliers. Dans la société des états, comme dans celle des individus, il existe des inégalités de fortune. Cette différence dans leur situation respective, ne provient que des causes dont j'ai parlé; savoir, de leurs dons naturels, qui sont les matériaux de toute richeſſe, & après cela de l'action des gouvernemens qui les met en œuvre. C'eſt par le concours de ces deux cauſes, que dans un pays, la ſomme du travail, quel qu'il ſoit, eſt plus grande que dans un autre, ce qui fait alors que ce pays eſt riche en productions, en hommes, parce qu'il eſt riche en travail, premier mobile de tout.

Quelle ſeroit en effet la ſphere étroite où ſe trouveroit renfermé un Peuple qui voudroit puiſer toute ſa proſpérité dans la ſeule agriculture, & rejeteroit ou négligeroit les arts de fabrication & d'induſtrie comme pouvant borner ou affoiblir cette richeſſe premiere ? Suppoſons par la penſée qu'un gouvernement veuille animer la culture d'un tel pays par tous les moyens poſſibles tirés de la ſeule force du ſol ; ſes efforts ſeront toujours néceſſairement bornés par les limites mêmes des conſommations ou nationales ou étrangeres, dès qu'on n'admettra que ce seul agent pour sa fortune. Suivant ce plan, il faudroit, par exemple, pour un État de l'étendue de la France, qu'il fût seul le grenier d'une bonne partie de l'Europe, pour que son territoire pût être mis dans toute sa valeur; & comme on ne peut attendre ce miracle dans la concurrence des Peuples cultivateurs, on voit dès-lors combien on resserreroit, par une pareille méthode, l'étendue de cet art primitif. Encore, dans cette supposition de pleine culture que la seule imagination peut réaliser, un tel pays, ce qu'il faut principalement observer, ne pourroit être appelé riche, s'il manquoit de tout hors du nécessaire. Il auroit à la vérité les biens de premiere nécessité ; mais, sa subsistance défalquée, il ne feroit qu'en donner aux Peuples laborieux, le surplus en payement de ses autres besoins, sans lesquels il est évident qu'il ne cultiveroit aucun excédent, par la raison que rien ne fait rien produire : & si ce surplus formoit la portion la plus considérable de ses récoltes, comme il est vraisemblable, ne pourroit-on pas dire qu'un pays ainsi gouverné cultiveroit ses terres en mercenaire, qu'il exerceroit simplement un métier de nécessité, au lieu de rendre son agriculture une source d'opulence.

Il faut donc reconnoître que le mobile de toute culture, après les premiers besoins remplis, fort peu étendus dans l'hypothèse dont on vient de parler, n'existe absolument que dans ces arts nombreux, dans ces fonctions infiniment multipliées d'échange, de trafic qui, offrant aux maîtres des subsistances tous les biens de l'industrie humaine & de tous les lieux, pour les biens de premiere nécessité qu'ils ont de trop, poussent leurs travaux aussi loin que leurs desirs & la puissance de la terre peuvent s'étendre.

Si tout sort d'une part de ce sein infiniment riche que la main magnifique du Créateur a rempli de germes innombrables de biens; d'autre part, par une disposition suprême qui indique que le travail fait la loi comme le bonheur de l'homme ; cette terre n'offre d'elle-même que des productions stériles, sans prix & sans bonté. Il lui faut une avance premiere, sur-tout celle d'une culture opiniâtre qui arrache ses bienfaits. Rien n'est de sa part un don gratuit; mais aussi elle donne tout & sans mesure à la culture. La terre, ce débiteur généreux comme ce créancier rigide, veut qu'on lui demande ; qu'on la sollicite ; qu'on répande sur elle ses dons & ses sueurs. Voilà d'abord ce qui enfante ses fruits, après quoi il n'y a que la seule consommation qui excite ce travail, pere de tout, & qui multiplie les productions qu'il donne. Ainsi la main qui paye fait aller la main qui seme. L'homme qui vêtit, loge, meuble le propriétaire ; celui qui décore, embellit sa vie, éveille & fait agir l'homme qui laboure, qui exploite ce sol dans les entrailles duquel sont les racines de la végétation & de la population universelle. Le premier prix de ces productions est toujours dans le travail qui les a fait naître. Ce travail est du crû de l'homme, il est son produit; il lui appartient, comme les fruits appartiennent à la terre. C'est ce même travail qui a d'abord & réellement acheté ces valeurs décuples que celle-ci a rendues pour la valeur simple qui lui a été confiée. A ce premier travail a succédé un second, un troisieme & ainsi à l'infini, suivant la riche généalogie des arts entre eux; savoir, des arts nécessaires aux arts laborieux, industrieux, utiles, & enfin aux arts agréables. Tous échangent leurs valeurs (car tout travail est valeur, comme toute valeur naît du travail) contre les subsistances du propriétaire qui acquiert avec l'excédent de ses productions les biens divers qui lui sont offerts par ceux qui accourent à la satisfaction de ses besoins.

Dans cette suite magnifique de labeurs, qui forme la condition de l'homme & son plus bel ornement, lorsqu'elle est remplie, tous les arts s'enfantent & s'entr'aident, comme on voit. Tous, surtout, réagissent ensemble sur leur premier générateur; & quoique dans l'ordre des tems les productions de la terre marchent toujours les premieres & soient la matiere de tous les travaux, dans l'ordre des causes & des effets, c'est véritablement l'art qui opere sur les productions, qui fait aller l'art qui les cultive, de même que c'est la vente qui forme le marché, le salaire offert qui produit le service, & la consommation la renaissance de l'objet consommé. De tout cela on voit clairement que les arts de l'industrie & du commerce, qui ne sont autre chose que le ttavail de l'homme diversement appliqué sur les productions premieres, sont destinés évidemment à faire aller cet art premier, à l'étendre, enfin à le porter aussi loin que les bornes de la nature d'une part & celles de l'induſtrie de l'autre peuvent le comporter.

Par tout ce qui vient d'être dit, la queſtion générale par rapport à la puiſſance des arts ſur les progrès de l'agriculture, paroît être ſuffiſamment réſolue. Il ne s'agit plus que de ſavoir s'il vaut mieux avoir à nourrir ces arts chez ſoi, qu'à acheter d'autrui leurs productions, ce qui au premier coup d'œil préſente une propoſition qu'il paroît peu néceſſaire de prouver. Cependant comme le reproche fait à M. Colbert d'avoir trop accordé en France aux arts ſecondaires & trop peu à l'agriculture, ſe rapporte entierement à l'idée préciſe que nous venons de développer, il eſt important d'en diſcuter de plus en plus la vérité & d'en connoître tous les effets dans le ſyſtême de M. Colbert, afin de dégager abſolument des principes auſſi lumineux que les ſiens, des nuages dont on a voulu les obſcurcir.

Pénétrons donc plus avant, s'il est possible, dans l'esprit de ses institutions & voyons si elles ont servi ou non à cet art principal qu'on le blâme d'avoir négligé & même offensé.

Loin que ces idées soient fondées, on verra par les réflexions qui vont suivre, si elles sont justes, que tous ses établissemens ont touché directement au vrai but, & qu'il l'eût entierement manqué par toute autre méthode.

Quel fut au vrai le plan de M. Colbert par rapport à la France? Pour s'exprimer de la maniere la plus précise, son projet fut de réunir à la terre la plus riche, la somme de travail de tout genre la plus considérable. Or, son système pris sous ce point de vue, car il est impossible de lui donner une autre définition, pourroit-il jamais être regardé comme un plan erronné pour la prospérité de la France, comme on l'a prétendu depuis un certain tems? Donner à la culture pour encouragement toutes

les

les richesses des arts, à ceux-ci pour objet l'abondance de tous les biens, n'étoit-ce pas au contraire élever par ce secours réciproque leur succès au plus haut degré possible ?

Lorsqu'il a plu ensuite d'objecter que ce Ministre avoit placé les objets hors de tems & hors de rang; qu'il avoit interverti, précipité ses opérations; on s'est encore trompé considérablement, & on a couru le risque de faire adopter au Gouvernement des idées peu justes, si toutefois ses lumieres ne devoient pas nous rassurer : il faut en citer un exemple. Lorsqu'on a blâmé Colbert d'avoir fondé ces magnifiques fabriques en soie qui existent dans le Royaume, avant d'avoir fait produire à nos terres les matierres de leur travail; lorsqu'on l'a inculpé d'avoir accordé à ces établissemens une attention trop partiale, on lui a fait un reproche d'autant plus mal fondé, qu'il a été absolument démenti par l'expérience. L'erreur des esprits sur tous ces points est venue de ce qu'on s'est constamment mépris sur cette matiere, c'est-à-dire, sur ce qui étoit réellement cause & effet dans cet ordre de prospérité. M. Colbert, meilleur Juge, vit au contraire parfaitement que s'emparer d'une branche générale d'industrie, c'étoit déjà se saisir d'une portion correspondante de subsistances, quelque part qu'elle fût acquittée; & il vit en outre avec la même justesse, que notre agriculture revendiqueroit tôt ou tard la production de la matiere propre à ses ouvrages, si son sol y étoit convenable; que c'étoit même par le travail d'industrie qu'on devoit commencer, parce que ce premier pas fait par la France dans un genre quelconque de fabrication, la conduiroit plus certainement à la culture, que celle-ci, sans débouchés certains, ne l'eût portée à la premiere; tout cela se présente avec évidence à l'esprit: aussi ce fut avec la diligence la plus habile que Colbert fit entrer sa nation dans la carriere de toutes les sortes de travaux qu'il put lui former, bien certain que toute fonction active menoit à féconder la terre, & que s'il étoit un moyen d'augmenter & d'attirer des productions sur un territoire, c'étoit d'y accumuler les occupations des hommes. En effet & très-vraisemblablement la France ne cultiveroit pas aujourd'hui chez elle de certaines qualités de soies, comme les soies qu'on appelle soies de pays, si Colbert n'eût commencé à en faire fabriquer sur les productions de l'étranger.

Ce ne sont pas des vues après coup qu'on attribue à ce Ministre. La marche qu'il a suivie dans toutes ses opérations nous autorise, nous oblige même de penser qu'il a eu dans son système l'étendue de vues dont on parle. Il créoit sans cesse des occupations à la Nation & s'en remettoit au tems pour qu'elles répandissent leur influence sur la terre fortunée où elles auroient été fixées. Il put y avoir à la vérité un moment, moment qui a causé sans doute le reproche fait à Colbert d'affoiblissement de l'agriculture, où celle-ci ait langui, parce que des arts nouveaux & sans nombre devoient appeler à eux plus d'hommes que les besoins de la terre ne pouvoient en conserver ou retenir; mais il étoit inévitable que cette agriculture bientôt poussée par les demandes multipliées de ces arts nouvellement introduits & croissans chaque jour, ne fût forcée de redoubler ses efforts pour répondre à leurs besoins.

Ce qu'il y a encore d'avantageux dans le système que je vous retrace, c'est que l'Etranger venant à user de nos Arts, concouroit avec nous à l'élévation de notre culture, parce que payant à nos Fabricateurs le prix de leur industrie, il faisoit la même chose que s'il eût acheté de nos Cultivateurs la subsistance des premiers. Dès-lors on découvre toute l'étendue des avantages qui devoient résulter & ont résulté en effet d'un pareil plan. Dans cet enchaînement de prospérités qui s'engendrent manifestement les unes les autres, & dont le terme peut à peine être marqué, l'Etranger consommateur de nos Arts, a dû faire en bonne partie la dépense de notre prospérité publique : son or a soudoyé nos fabriques & fertilisé à la fois nos terres. Chaque progrès en ce genre nous a apporté cette double utilité, enfin par un bienfait précieux de notre sol, & par les sages institutions de Colbert, tous ces grands avantages ont été concentrés dans la France : institutions qui ont fait que ce Royaume a renfermé chez lui ses premiers, ses seconds besoins, & jusqu'à ses besoins de luxe; qu'il peut y voir fleurir un corps toujours croissant de Laboureurs, entretenu par la consommation prodigieuse de ses Arts au-dedans, & par celle non moins considérable des Peuples du dehors. Pouvoit-il y avoir économiquement &

politiquement une difposition plus fage ? Nos Arts, auffi nombreux que notre terre étoit riche pouffoient, & pour ainfi parler, fatiguoient fans ceffe cette terre par de nouvelles demandes ; les Etrangers devenus nos tributaires, faifoient couler à leur tour dans les canaux de l'Etat les propres fucs que notre vigilance enlevoit aux leurs ; & tout concouroient de la forte au développement & à l'accroiffement des richeffes naturelles de ce Royaume. C'eft ainfi que Colbert a traité cette partie fi difficile d'adminiftration ; c'eft à lui que nous devons ce fyftême plein de lumieres, qui toutefois a éprouvé de nos jours des critiques très-férieufes.

Il y a plus ; & l'inftitution des manufactures a peut-être encore des avantages qui n'ont pas été affez particulierement fentis. Voici en quoi. En fe repréfentant toujours l'agriculture, comme étant par toute terre la fource d'où partent toutes les richeffes, & le terme où elles viennent toutes aboutir, puisque tout le travail des hommes ou s'applique à faire naître ses productions, ou s'exerce sur elles, il n'est pas moins certain, en mettant à part l'ordre de préférence de ces richesses les unes sur les autres, que les bénéfices de l'industrie sont souvent supérieurs à ceux de l'agriculture prise en elle-même. Les preuves de cette vérité sont simples. S'il est vrai que les productions de la culture soient seules des productions réelles & proprement dites, il est constant aussi qu'elles ne sont que des productions périodiques qui ne se multiplient point à volonté; elles ne sont même que l'usure d'une avance qui a aussi ses périls & fortunes, & à cet égard un jeu de l'Agriculteur, où il confie ses déboursés & son travail aux élémens & aux saisons. Les produits de l'industrie ne sont, à la vérité, que de simples produits & non des productions; ils n'ont de prix que par appréciation; mais dans l'état de travail nécessaire à l'homme, & dans l'hypothese de toute société, ils ne sont pas moins une valeur réelle, équivalente à une portion des fruits de la terre, parce que tout travail est valeur. Ce produit considéré en soi est, en outre, plus assuré, plus égal à certains égards; il n'exige que peu ou point d'avances; en cela il est plus particulierement un gain, & un gain d'autant plus considérable, que sa renaissance est continuelle, sans repos, sans intervalle. On peut même y apporter une diligence, qui ne connoît presque aucunes bornes, en corrigeant la durée naturelle & ordinaire des travaux par l'emploi d'un plus grand nombre d'ouvriers. Ainsi sous l'un de ces points de vue, l'Agriculture, pour faire produire, dépense, risque avant que de recueillir; sous l'autre, l'industrie débourse peu, ne risque rien & crée tout; très-souvent la matiere n'est rien: l'art forme toute la valeur.

Dès-lors quelle étendue de fortune pour un pays qui jouit de l'assemblage de tant de biens ? C'est dans un pareil état de choses, qu'il peut dire avoir chez lui toutes les valeurs qui existent dans l'Univers ; valeurs du territoire, valeurs que l'art humain y ajoute. Riche de presque tous les biens par la nature de son sol, & par son industrie de presque tous les travaux, il n'a plus rien à demander à autrui : tous à-peu-près ont à puiser dans sa fortune. C'est à ce point précis que commence sa puissance, par le tribut que vont lui payer les autres Peuples : c'est alors qu'il accroît ses limites par la plus noble des conquêtes ; qu'il étend de fait son Empire sans acquérir de nouveaux domaines, parce qu'il possede réellement des terres chez les autres, jusqu'à concurrence de toute la contribution que ceux-ci acquittent envers lui ; contribution qui se paye dans le signe commun des valeurs, lequel, quand il est la solde d'un plus grand travail dans les relations de Peuple à Peuple, n'est plus simplement un métal précieux dans les mains du Pays le plus laborieux, mais un titre réel de propriété sur toutes les propriétés de l'Univers. A un Etat appelé à de pareilles destinées (car tous ne pourroient pas soutenir un régime aussi relevé) à un Etat qui en est venu là par la sagesse de son gouvernement, il ne reste plus qu'un soin, celui de classer exactement tous ces objets entr'eux, de conserver dans ses diverses opérations ce sage équilibre qui ordonne leur rang, & maintient leur action & réaction respective. Tel est l'objet de l'administration que j'appellerai positive d'un Etat : voilà peut-être ce qu'il eût fallu examiner dans celle de Colbert ; mais quant au fond de son plan, quant à la partie systématique de son ministere, il est indubitable qu'il a excité l'Agriculture par la voie la plus droite, la plus sûre, en un mot, la seule capable d'en procurer le succès utile pour une domination.

Marchons à la lueur de ces principes, & déduisons-en d'autres réflexions, car une premiere vérité connue donne la chaîne de toutes les autres.

On vient de voir que l'Agriculture ne pouvoit prospérer que par le secours des Arts : j'ajouterai que, pour qu'elle ait toute son utilité pour un Etat en particulier, elle doit être excitée par les consommations au-dedans, & nullement par les ventes de ses denrées au-dehors, qui, selon moi, ne sauroient être, comme loi habituelle, d'un bon systême. Cette opinion excitera des doutes très-forts, parce qu'elle est opposée au systême produit de nos jours, mais on seroit bien trompé si tout ce qui vient d'être dit, n'avoit pas déjà fait préjuger cette maxime de notre part. Chacun sait qu'elle a été suivie par M. Colbert dans son Administration, il en a été blâmé. Il s'agit de voir si ce principe de régie est indiqué ou non par son système, dont nous avons déjà pu, si je ne me trompe, découvrir la solidité.

M. Colbert apperçut, sans doute, car il faut ici le faire penser, comme ses œuvres prouvent qu'il a pensé & agi; il apperçut, dis-je, que cette matiere premiere, nécessaire à la subsistance, ne devoit point être traitée comme les autres objets soumis au commerce ; qu'un Etat ne devoit nullement faire cultiver avec le projet immédiat de vendre à autrui, mais faire travailler beaucoup chez lui pour faire cultiver & consommer beaucoup dans son sein. Voilà quelle fut certainement sa vue, parce que telle fut sa conduite : l'une & l'autre dérivoient de son système.

Il faut, on l'avoue, s'éloigner beaucoup des idées qui paroissent prévaloir pour adopter cette vérité. Mais elle n'est pas moins fondée, à ce qu'on pense, & on verra; par ce que nous dirons dans la suite de cet écrit, que chaque fois qu'une portion de subsistances se verse hors du territoire d'un État, lorsqu'elle eût pu être consommée au dedans par un surcroît de population pour prix d'un travail quel qu'il soit, il existe un vice réel dans un gouvernement, & j'ajouterai une matiere de reproche dont il a à se purger.

Pour s'expliquer ici préalablement sur ce point de question, que l'on traitera plus particulierement ailleurs, on dira seulement en général que la plus grande attention sur cette matiere nous a indiqué que l'esprit d'une bonne loi à ce sujet devoit s'éloigner beaucoup du but absolu de liberté.

Vendre au dehors peut bien former une ressource, mais nullement un régime légal, pour un pays de la nature du nôtre, lorsque son gouvernement laisse sortir une partie de ses denrées de premiere nécessité, dans le cas où il existe chez lui un superflu au-delà de ses besoins, il fait, si l'on veut, un acte sensé, en tant qu'il empêche la perte du prix d'un bien devenu momentanément inutile ; mais il n'accomplit au fond qu'une vente de Marchand, au lieu qu'il eût fait la vente d'un grand État, s'il se fût mis dans le cas de vendre ses productions à des Sujets qui les eussent payées par de nouveaux travaux. Et quelle différence n'y a-t-il pas pour un Royaume dans ces deux manieres d'opérer ? Dans le premier de ces cas la denrée est vendue par le Regnicole & achetée par l'Étranger ou par échange ou avec de l'argent ? Delà que résulte-t-il ? Dans l'hypothèse d'un tel marché qui est la vente au dehors, l'État vendeur de la denrée ne compte qu'un sujet, & tout au plus qu'un seul bénéfice, tandis que dans celui de la vente & de la consommation intérieure, l'État compte deux sujets, l'un vendeur & l'autre acheteur, & visiblement deux bénéfices, puisque c'est dans le pays en question que s'est formée la valeur du

Propriétaire qui a vendu, premier bénéfice, & que c'est dans le même état encore qu'a été produite par le travail la valeur d'induſtrie qui a acheté la valeur de ſubſiſtance, ſecond bénéfice de même genre. Or, le double gain d'une Nation en pareil cas, gain qui ſuppoſe toujours celui des particuliers, ſans quoi il n'exiſteroit pas, eſt infiniment précieux. Il forme vraiment un gain politique, par conſéquent une opération d'État, comme on a dit plus haut, celle, en un mot, à laquelle un habile gouvernement doit tendre dans cette importante manutention.

Il réſulte de là pluſieurs maximes principales également vraies : ſavoir, que dans un pays dont les terres ſont naturellement fertiles, la conſommation de toute la denrée, ſi la population eſt en même tems peu nombreuſe, eſt le ſigne le plus évident de ſa pauvreté ; que par contre, dans un pareil territoire, cette conſommation totale si la population est considérable, forme la marque la plus certaine de sa pleine culture & de sa richesse en tout genre, tandis que la sortie de cette denrée n'indique absolument autre chose, si ce n'est qu'il manque dans un pays des consommateurs, excepté le cas où il y a une surabondance de travaux & de productions qui force d'en verser le trop plein au dehors: période de fortune encore inconnu, car on ne pense pas qu'aucune Nation soit parvenue jusqu'à présent à mettre ses terres & ses arts en assez pleine valeur, pour qu'elle n'ait rien à vendre, pour l'ordinaire, de ses productions à autrui par l'infinie consommation de ses travaux domestiques; il n'en est point, que l'on sache, où le sol donne tous les fruits dont il est susceptible, & où le travail national les achete & les consomme tous, ceux-ci ne faisant que lui suffire hors les années de fertilité extraordinaire qui ne font point une regle. Une pareille situation n'a point existé jusqu'à ce moment & n'existe pas. La sortie des bleds d'un État n'est donc pas dans la position générale & actuelle, un signe de prospérité. On dit plus ; elle ne doit point être l'objet premier & principal de ce genre d'administration, par toutes les raisons que nous venons d'indiquer & que nous approfondirons encore davantage par la suite.

En attendant nous poserons ici pour regle, que dans tout pays agricole par sa nature, c'est le travail intérieur & non la vente au dehors, qui doit dicter l'esprit des bonnes loix dans cette matiere ; nous dirons que ce systême, qui fut celui de M. Colbert, est absolument le seul applicable à un riche & vaste Royaume assez favorisé de la nature, pour avoir chez lui la matiere de tous ses besoins & de ses travaux, à un État qui jouit, comme la France, de presque tous les biens des différens climats, qui est situé sous un ciel dont l'heureuse

F

température éloigne ſes habitans également de l'indolence des pays chauds & de l'inertie des pays froids, chez qui le caractere des Peuples préſente la plus rare activité, enfin qui ſemble formé pour nourrir, orner, embellir de ſes travaux une partie de l'Europe.

Ce n'eſt pas tout; & il y a encore quelque choſe de plus particulier à ajouter en faveur de la France pour appuyer le ſyſtême d'avancement de ſon agriculture ſur la ſeule conſommation de ſes arts, qui eſt que ces mêmes arts ſont pour elle un apanage preſqu'auſſi ſûr que les dons nombreux qu'elle tient des riches qualités de ſon ſol : voilà ce qui doit l'inviter plus particulierement à ce régime, car outre que nulle contrée n'offre par elle-même plus de biens divers à l'induſtrie humaine, on ſait encore que par le concours de baucoup d'autres cauſes, ce Royaume eſt véritablement le terroir naturel des manufactures, le lieu où elles peuvent acquérir avec la plus grande étendue, la plus solide consistance. Par-tout ailleurs elles sont précaires, d'une industrie bien moins éclairée ; & les raisons en sont simples. Les arts ne naissent communément que sur un sol fécond en productions variées, ne se plaisent, ne se fixent que là. Une grande consommation intérieure ; le goût toujours renaissant d'un grand Peuple invité par ses richesses à la variété des jouissances; l'analogie, l'émulation des arts entre eux qui s'éclairent & se fortifient respectivement, tout les enracine sur un pareil territoire, de même que tout les y défend de l'usurpation des pays moins opulens & moins considérables.

Toutes ces vérités générales indiquent déjà sur quels fondemens s'éleve la prospérité d'un grand Empire : on voit avec clarté par quelles voies il s'anime & se peuple d'un bout à l'autre; on voit comment rien n'est inutile dans sa vaste étendue, & aucun bras n'y est oisif; comment le travail, pere de tout, y seme tous les biens, & pour ainsi dire jusqu'aux hommes qui y croissent avec les productions qui les nourrissent. On voit enfin comment, par des progrès successifs, il acquiert toute la fécondité, toute l'opulence dont il est susceptible. Heureux ! si dans cet accroissement de biens de toute espece, qui se propagent les uns & les autres, il pouvoit conserver ses mœurs qui font la force de sa constitution, & se garantir de toutes les pertes morales que les richesses occasionnent malheureusement & presqu'invinciblement dans les corps politiques, comme chez les particuliers; soin essentiel qui reste à remplir à un gouvernement attentif, quand il parcourt ce cercle de prospérités.

Tout cet exposé, Monsieur, vous peint d'une vue principale le systême de M. Colbert, mais le tableau n'est point encore entier. Il faut achever de vous présenter l'enchaînement merveilleux de toutes les parties de son gouvernement.

Vous venez de voir la puissance de ces arts industrieux qui tinrent une si grande place dans ses projets, de ces arts enfans & à leur tour générateurs uniques de l'agriculture. Vous allez voir paroître à leur suite les arts officieux du commerce, qui distribuant au dedans & au dehors les productions d'un État, les rend usuelles & vénales, en augmente la somme par ses fonctions & parvient ainsi à vivifier lui-même les sources qui lui ont donné la vie. Suivons cette intéressante progression.

Une agriculture & une industrie toutes deux très-animées, engendrent infailliblement un commerce de circulation fort actif. La partie de la Nation qui s'adonne à cette fonction forme un corps de population qui augmente le travail de la terre pour sa subsistance, & occupe aussi les arts pour ses besoins; de-là, les soins de ce commerce se rapportent à deux objets, à la distribution des biens divers entre les parties d'un même Peuple, ce qui forme le commerce intérieur ; à leur versement dans les pays voisins & jusques dans les contrées les plus éloignées, ce qui compose le commerce extérieur ; tel est son double ministere. Dans le dedans ce commerce, qu'il ne faut pas confondre avec cet art qui fabrique, qui manufacture (art véritablement créateur), n'est qu'un pur office pour la communication des biens respectifs ; il en procure la circulation, les rend plus généraux, plus communs ; il fait produire dans le sens qu'il fait vendre, mais il n'augmente point réellement & par lui-même les valeurs d'un État. Ce même commerce vient-il à agir au dehors ? C'est alors qu'il devient spéculateur, en portant au loin tout ce qu'un Royaume produit ou fabrique. S'il se charge du transport, il ajoute dès-lors une valeur à la production, & il accroît réellement la richesse nationale. D'autres fois, à l'aide de ses spéculations, il ouvre de nouveaux débouchés ou étend ceux qui existent ; il inspire à d'autres Peuples le goût de la consommation de nos biens. Souvent il crée des consommations inconnues jusqu'alors, & forme par ce moyen de nouvelles branches d'industrie; enfin il se rend dans la concurrence des autres Nations, plus vigilant, plus actif & impose sur elles le tribut qui appartient au Peuple le plus laborieux.

Ce dernier commerce n'opere lui-même qu'à l'aide d'un art nécessaire à son service : il le fait naître, il le soutient ; cet art est celui de la navigation ; métier hardi qui a mis à portée le commerce dont on parle, de lier d'abord par ses opérations toutes les parties du globe, & qui est parvenu ensuite (chose étonnante) à établir sur un second élement les richesses, la puissance & les forces des Nations. La terre en fut longtems le seul théâtre ; mais dès que le commerce eut fait les premiers pas sur cet élément étranger à l'homme, l'ambition des Nations y fixa peu à peu une portion de ses forces publiques & jusqu'à sa gloire. Bientôt cette puissance acquise sur la mer se fit sentir jusque sur le continent ; & comme le commerce en est l'ame, aussi-tôt que celle-ci eut prévalu, ce même commerce, fait d'abord pour lier, unir les Nations entr'elles, a servi dans la suite à les assujettir, enfin est parvenu au point, de serviteur des États, de s'en rendre le Dominateur & le Maître. Cet art de la navigation créé, employé par le commerce (continuez, je vous prie, à remarquer la liaison de tous ces objets), a contribué à son tour à former un nouveau corps de population, lequel a exigé des subsistances ; & par la foule de matieres, soit en productions de la terre, soit en fruits des arts qui concourent à son service, il a animé considérablement l'industrie du Peuple qui s'y est livré. Il est donc devenu par toutes ces voies un des plus grands véhicules & de la culture & de l'industrie, & le seroit au plus puissant degré, sans la grande consommation d'hommes qu'il occasionne.

Si l'on suit ses progrès, on voit de là ce commerce navigateur faire de nouveaux pas pour la prospérité ou l'aggrandissement des Empires. En parcourant les différentes parties du globe, tantôt il a découvert de nouveaux pays, tantôt des terres propres à certaines productions. Les États les ont occupés, s'y sont établis en cultivateurs, & s'y sont formé des possessions, qu'on appelle des colonies.

Ce fut vers le tems du ministere de Colbert, que les principales Puissances de l'Europe s'adonnerent plus particulierement à ce genre de possessions, qui tiennent aujourd'hui une si grande place dans leur fortune : possessions dont il est si difficile de bien jouir, tant pour elles-mêmes, que pour leur métropole; possessions qui ne conviennent qu'aux Etats riches & puissans, parce qu'eux seuls en peuvent retirer tout le fruit, attendu qu'eux seuls peuvent les alimenter, les protéger & les défendre.

Comme ce dernier objet, dont on connoît toute l'importance, entra aussi dans le systême que Colbert se forma pour la prospérité de la France, il est nécessaire de considérer encore dans ce coup-d'œil général comment elles furent liées à ses plans. On sait assez combien ces acquisitions ont influé & influent encore sur la fortune des divers Etats de l'Europe, cependant il s'en faut bien que la doctrine, si essentielle pour leur utile possession, soit aussi parfaitement établie que l'importance de l'objet l'exige : donnons-en ici une première idée.

Les Colonies, quand elles ont parfaitement ce caractere, doivent être envisagées par rapport au pays qui les possede, comme une agriculture secondaire propre à favoriser l'agriculture de l'Etat principal; elles remplissent même à son égard l'office de manufactures dont nous avons décrit plus haut tous les excellens effets: cette double fonction constitue tout leur service, sans lequel l'utilité de leur union n'existeroit pas.

Ces terres, par la nature de leur sol, manquant des denrées & matieres de premiere nécessité qui se trouvent chez les pays possesseurs, & donnant par elles-mêmes des productions précieuses, mises par l'Europe opulente au rang de ses besoins, il s'est formé à raison de ces productions hétérogenes, mais réciproquement nécessaires, utiles ou agréables, un genre de relation entre elles & leur métropole, qui a donné lieu à leur occupation; & c'est sur ces rapports que se fonde la maniere dont ces sortes de pays doivent être possédés.

Selon ce rapport, quand il est établi & réglé, les Colonies reçoivent des Etats propriétaires les objets nécessaires à la vie, qu'elles achetent par la culture de denrées, moins nécessaires en elles-mêmes, mais dont l'habitude a rendu l'usage presque indispensable. D'après cet office, il est sensible qu'elles sont essentiellement consacrées à nos débouchés & à nos consommations. Les fruits de nos terres & ceux de nos arts vont s'y refondre en d'autres productions, sur lesquelles la Patrie principale prend d'abord ses propres besoins, & vend ensuite l'excédent aux Peuples qui n'ont pas sous leur domination des terres de cette espece. Voilà leur destination précise : on les a mal définies quand on les a simplement regardées comme des Provinces d'un même Etat. Elles lui appartiennent sans doute, bien que séparées; mais elles ne sont point possédées de la même maniere : elles lui sont liées, unies, plutôt qu'incorporées; elles font occupées par lui plus qu'elles ne font fous fa main & fous fon Empire. Tout cela tient à la nature de cette efpece de poffeffion, qui fuppofe forcément une relation, un office refpectif; auffi le lien qui la forme fe rompt des deux parts, quand ceux-ci ne fubfiftent plus. La diffemblance & l'utilité réciproque des productions qui conftituent leur union, malgré la diftance de ces pays entre eux, conftituent auffi la différence qu'il y a dans leur maniere d'être. C'eft par ces rapports que la poffeffion s'eft formée; c'eft par le maintien de ces rapports que l'objet poffédé fe régit; c'eft par cela feul qu'il fe conferve. En un mot, on doit les envifager uniquement comme des terres auxiliaires, confacrées à favorifer & les terres & les arts des pays poffeffeurs, lefquelles terres doivent pour cela contenir précifément au profit des métropoles des confommateurs de leurs productions en tout genre, & des confommateurs qui à leur tour cultivent, fabriquent, manufacturent pour les besoins & même pour la fortune de leurs propriétaires.

Leur utilité se termine à entretenir pour le service de ces mêmes Etats un corps de navigation, à leur donner des hommes de mer & des forces en ce genre proportionnelles à l'étendue de leur relation. Par tout ce qu'on vient de dire, il est évident qu'il n'est point de possession qui pût être à raison de tant d'offices, plus avantageuse que celles-ci pour animer le territoire des grands Etats, sans la perte d'hommes dont on a déjà parlé, qu'entraîne la navigation, la migration continuelle & la nature des climats ; perte toutefois fort inférieure à la population que doit faire naître le double travail qu'elles occasionnent, sans quoi leur possession ne pourroit qu'être destructive de son objet ; mais ce n'est pas tout : cette grande utilité des Colonies qui n'auroit presque point de bornes dans la parfaite direction d'un habile gouvernement, est encore environnée d'une foule d'inconvéniens dont il est fort difficile de se garantir, & qui peuvent rendre ces possessions nulles ou même préjudiciables, attendu que nul régime n'est plus délicat & tout à la fois d'une plus grande difficulté; ce que nous verrons en son lieu. On dira seulement ici d'avance qu'il est plus à craindre, qu'on ne pense, de rendre cette source importante de richesses vaine & illusoire, & même de compromettre à son occasion le sort principal des métropoles. Ainsi les Colonies dont la possession a changé l'état réel de l'Europe, peut le changer encore par les diverses révolutions que ce genre de fortune peut subir dans la suite des tems.

Voilà, Monsieur, les caracteres principaux sous lesquels je me suis représenté en premier lieu le plan systématique & ministériel de l'administration de M. Colbert. Ce que je nomme un système en ce genre, c'est la maniere de voir l'objet qui est à gouverner, sa véritable destination, les moyens qui peuvent y conduire. Je ne sais si ce tableau vous aura affectionné aux plans de ce Ministre ; mais comme il est souverainement intéressant de ne se pas méprendre dans cette matiere, j'ai approfondi autant que j'ai pu ce sujet, & me suis appliqué à bien saisir l'esprit de cette mémorable administration. Je n'ai garde, comme vous pensez, de parler sur des objets si relevés, qu'avec le doute qui convient ; mais je répete que, tout bien examiné, il me paroît hors de doute que ce Ministre a porté le coup-d'œil le plus juste sur ce qui pouvoit opérer la véritable grandeur de la France. Avancement de son agriculture par l'introduction des manufactures, & d'une industrie de toute espece; augmentation de sa culture & du travail de ses manufactures, par l'établissement des colonies double consommation

sommation par le moyen de ses productions, par ses arts nationaux, & par ses colonies exclusivement approvisionnées. De là, surcroît de richesses intérieures & de population, & par les progrès de cette belle économie, force & action en elle-même pour toutes ses prospérités; adjonction à tous ces biens de différentes branches de négoce & d'un commerce de circulation fort actif; finalement formation de marine & par elle derniere addition de forces & de puissance dans l'État: voilà dans un rapprochement général, par quels moyens M. Colbert a traité la fortune de l'Empire François, moyens simples, mais dont le développement est infini; enfin moyens qui donnent encore, à quelques modifications près, suite des changemens survenus dans l'état des choses, les véritables regles qui doivent faire la base de notre gouvernement.

Personne n'ignore que depuis M. de Sully il n'y avoit point eu de système

G

marqué sur l'administration des finances. Encore celui de cet homme vertueux consista-t-il plutôt dans une administration d'ordre, que dans un plan systématique & caractérisé en ce genre. Celui au contraire conçu par Colbert, fut réellement législatif, foncierement neuf, & même opposé aux routes suivies jusqu'alors. Peut-être, comme je l'ai souvent pensé, lui fut-il indiqué par le mouvement général qui portoit déjà l'Europe vers ces grands objets. Quoi qu'il en soit, il faut louer, admirer Colbert d'avoir imaginé ou adopté ce beau système.

Après avoir tracé, comme je viens de faire, les principales parties qui en forment l'esprit, je vais passer à ce que je nommerai l'administration positive de ce Ministre, soit dans ce qui a rapport à la gestion de la finance de l'État, soit dans la maniere dont il a mis en œuvre les divers moyens de prospérité dont je viens de parler.

En tout, c'est la bonté des principes qui produit celle des opérations. Lorsque l'on connoît profondément l'objet que l'on traite; lorsque tout ce qui le concerne est saisi avec justesse, les regles particulieres pour sa direction suivent d'elles-mêmes.

En partant de là, il s'agit de vous tracer à présent, selon mes forces, le tableau des grandes opérations qu'embrasse cette importante administration, & vous jugerez à l'application de l'exactitude de ces vérités. Exposer les nombreuses fonctions de ce pénible ministere, ce ne sera faire autre chose que rappeler toute l'étendue des travaux de Colbert, & mettre sous vos yeux les services effectifs qu'il a rendus dans cette partie.

L'administration que j'ai à représenter, n'est pas simplement la meilleure recette & le plus parfait emploi des deniers publics dans un État. Elle consiste bien plus essentiellement dans la parfaite économie & la juste distribution de ses forces. Cette science qui est éminemment une science ministérielle, puise toutes ses opérations dans des principes justes qui naissent eux-mêmes de la parfaite connoissance d'un Royaume, de ses forces & de sa véritable destination. Ces principes une fois trouvés, ils donnent dans la pratique la solution de tous les cas & fournissent sur chaque point la décision convenable, ce qui est alors une des plus fortes preuves de l'exactitude d'un bon système de gouvernement : appliquons tout ceci à M. Colbert.

Nous avons vu que ce Ministre eut pour but principal d'élever la fortune de la France, par l'introduction d'un grand travail sur son territoire ; travail que nous avons dit qu'il lui chercha partout ; dans les arts, dans le commerce, dans la navigation, dans l'établissement des colonies & même dans cette industrie qui approprie à une Nation une partie des prérogatives des autres. Cette double vue de ne rien laisser faire pour la France à autrui, de ce que ces avantages naturels, infiniment grands, pouvoient lui attribuer, & de la mettre dans la voie de remplir une partie des fonctions des autres Peuples, fut un plan d'une économie fort hardie. Il eut presque pu être regardé comme un projet ambitieux ; mais il n'étoit point tel par rapport à cette Nation, parce qu'il portoit à son égard sur les plus riches fondemens, sur un corps d'État qui avoit plus que tout autre, & peut-être seul, des droits à cette espece de fortune. Ce systême d'universalité de productions & de travaux, tout étendu qu'il étoit, ne se trouvoit aucunement au-dessus de ses forces ; il ne lui falloit qu'un gouvernement savant pour la porter à ce succès. Ce gouvernement s'est trouvé dans la gestion de M. Colbert. Ce Ministre a eu le mérite d'appercevoir toute la portée de ce Royaume : il a jugé en

Maître de la capacité de son objet, & a vu du même coup d'œil tous les moyens qui pouvoient la remplir.

Quand on en est-là il est tems d'opérer : on le peut avec d'autant plus de confiance, qu'en demandant aux Peuples une partie de leurs facultés, on est assuré par la nature de ses dispositions de les mettre en état de les accroître.

C'est alors qu'on peut entrer dans cette vaste & périlleuse carriere, s'il est toutefois, à bien des égards, quelqu'autre courage que celui du dévouement qui la puisse faire entreprendre ; car la somme infinie de tant de devoirs étonne l'esprit & accable l'imagination de ceux qui les considerent.

Il s'agit pour l'homme assez digne, disons-le en même tems, tout à la fois assez à plaindre pour avoir à exercer ce pénible ministere, aussi utile par sa nature que terrible dans ses effets, il s'agit, dis-je, de suffire à la tâche suivante, si toutefois on peut parfaitement se la représenter. Premierement, il doit imposer sur le Peuple le tribut nécessaire au soutien de l'État; l'imposer avec justice par rapport au droit naturel d'où dérive celui de toute propriété; avec regle & selon les formes requises par rapport aux loix positives du Royaume; avec distinction d'ordres, de personnes & de provinces, eu égard à leurs droits & priviléges tant qu'ils existent. Il est nécessaire en outre qu'il connoisse & fixe le meilleur genre d'impôts, le plus général, le plus rapportant, le moins arbitraire; qu'il en proportionne la masse aux besoins de l'État, soit en paix, soit en guerre, & qu'en même tems il la mesure aux forces des contribuables, de maniere qu'elles renaissent, qu'elles augmentent même sous le poids qu'ils portent; car si l'impôt excessif détruit la production & avec elle le travail, il excite aussi l'un & l'autre, & les fait naître quand il est proportionnel & modéré. Dans ce sens l'impôt, dont le mot est affligeant, devient à plus d'un égard un véhicule de plus de richesse & même de félicité, parce que l'homme, que sa nature a assujetti au travail, trouve tout dans ce même travail; il y trouve jusqu'à son bonheur, lorsque le poids qu'il porte, ne surpasse pas ses forces & ne les épuise pas.

En même tems il s'agit de décider si cet impôt qui porte sur les biens-fonds, lequel est véritablement fondamental, se divisera en impôt sur la terre, & en impôt sur les consommations, dernier impôt ou droit qui n'est pas, comme on l'a prétendu, une vaine répétition du premier, mais par le résultat un impôt réellement additionnel & d'un usage salutaire, parce que la division, qui en allege le payement, rend l'impôt total moins sensible, & permet tout à la fois de le rendre plus considérable. Le point essentiel est de trouver la meilleure forme de perception pour l'un & l'autre, de les proportionner ensuite réciproquement, de manière, que quoique la denrée paye au fond la totalité de l'impôt, soit à la premiere, soit à la seconde époque, il résulte cependant un soulagement pour le cultivateur, par ce partage de payement entre lui & le consommateur, en observant toutefois de ne pas faire porter un droit trop fort à la consommation, ce qui l'arrêteroit & frapperoit par suite sur la production même. Il s'agit sur-tout pour un Ministre de la Finance, qui veut rendre sa mémoire à jamais chere aux Peuples, de chercher sur le fait de ces deux genres d'impôts, qui sont les deux grandes sources des contributions publiques; il s'agit, dis-je, de chercher & de trouver, & de trouver à force de méditations, des impôts d'une perception moins couteuse, vice principal & destructif de son objet, qu'il faut à tout prix corriger; peut-être même de découvrir quelque impôt unique, qui représente cette foule de droits subsidiaires à l'impôt sur la terre, cette multitude de taxes dont les frais presqu'égaux aux produits des droits, accablent les Sujets d'un État, & font que l'État même est frustré du secours donné par les Peuples. Tant que cette œuvre principale ne sera pas accomplie, l'essentiel dans cette matiere manquera à cette législation, & il restera à la vertu & à la sagesse humaine à présenter aux Sociétés politiques ce chef-d'œuvre économique.

Il s'agit enfin de savoir si à ces deux impôts sur les biens & sur les consommations, on y joindra celui sur les personnes dont on connoît d'une part le vice par son arbitraire, quoique beaucoup trop exagéré, puisqu'à l'expérience on peut voir qu'il est communément bien plus injuste par les exceptions où les faveurs auxquels il est sujet, qu'il ne l'est par la sur-taxe des personnes imposées au-dessus de leurs facultés ; impôt dont on connoît d'autre part l'avantage par les effets moraux qu'il peut avoir & sur-tout par la simplicité de sa perception ; mérite si grand à mon avis, qu'il faudroit peut être, en donnant à quelque genre d'imposition d'une nature aussi simple, toute la perfection dont il peut-être susceptible, en faire, sous une forme propre, l'impôt représentatif de ce grand nombre de taxes ou de droits additionnels à l'impôt sur la terre.

Après avoir ainsi établi le tribut que tout ce qui est dans l'État doit à l'État, puisqu'il gouverne, protege, défend les propriétés générales ; il reste un autre soin, qui est de bien dépenser ce tribut : soin de vigilance & d'ordre qui est confié à un ou plusieurs Ordonnateurs dans un gouvernement. Ainsi recevoir & dépenser de la maniere la plus utile & la plus juste, composent tout l'ensemble de cette importante manutention ; mais ces deux soins, en apparence fort simples, renferment en effet les plus grandes difficultés, l'un & l'autre requierent une grande sagesse dans le Législateur.

Le premier succès exige une parfaite fixation du taux de l'impôt, son application équitable aux différentes classes des contribuables & un mode ou genre d'imposition bien choisi. L'esprit de l'homme qui a presque tout connu, n'a pas encore fait ces importantes découvertes. Le taux de l'impôt ne peut être fixé que par la connoissance précise de la force générale d'un État, en tout genre de valeurs, en hommes, en possessions & en travaux; & cette connoissance ne sauroit être acquise que par l'opération d'un cadastre assez bien conçu pour fournir toutes ces notions: instruction principale & perpétuelle qu'un Ministre des Finances doit donner aux Commissaires départis, & qui doit procurer avec le tems des résultats presqu'exacts. Avec ce secours, on peut parvenir à trouver ce genre d'impôts salutaire, seul propre à faire la félicité des Peuples.

Par rapport à l'impôt territorial dont on a parlé, il est visible que sa mesure fixe ne peut être dans l'argent plus ou moins abondant, généralement ou localement dans un État, ni dans la perception d'un tel impôt par arpent, mesure trop variable, trop arbitraire. Ce point fixe si désiré ne se présente à l'esprit, à ce qui paroît quant à présent, que dans le prix des baux bien constaté : maniere d'apprécier qui sera toujours bien éloignée d'une certaine perfection. Il ne pourroit se trouver avec toute l'exactitude requise, si toutefois l'on peut y réussir, que dans la perception de l'impôt en denrées réelles, &, pour corriger l'inconvénient d'une perception si embarrassante, en denrées en nature comptées numériquement lors de la production, & évaluées pour la levée de l'impôt en argent, au prix commun des marchés de chaque lieu, dans le cours de l'année; seule mesure qui semble pouvoir donner rigoureusement la perfection exacte que l'on cherche & dont l'exécution ne présente pas absolument d'insurmontables difficultés, à ce que l'on pense. L'impôt perçu en nature sur les denrées, n'est précisément que l'idée de M. de Vauban, très-admirée, mais jugée impraticable. Son évaluation au prix commun & annuel de chaque lieu, forme le remede qu'on a apperçu à cette impossibilité, remede qui a le mérite, comme l'idée principale, d'avoir un rapport fixe, déterminé & qui est même de la plus exacte justesse, puisque le prix local des denrées pour chaque contribuable est en soi une mesure aussi parfaite pour la fixation de prix à la denrée imposée, que la quantité de cette denrée comptée numériquement en est une à la quotité de l'impôt.

Comme il faut pour bien recevoir,

percevoir par les voies les plus simples, les plus directes ; de même pour dépenser bien, il faut dépenser au dessous des revenus & des forces d'un État, afin de se ménager un fonds extraordinaire ; dépenser comptant pour diminuer la dépense totale ; ne payer que des objets connus & vérifiés, en un mot faire recevoir à l'État tout le prix de ses déboursés. Pour arriver à ce but, il faut sur-tout mettre un ordre extrême dans les comptabilités (objet souvent si négligé, quoique si important), un ordre qui par son propre effet, & non par celui d'une surveillance particuliere, laquelle n'est jamais assez sûre, puisse en éclairer toutes les parties : ces dernieres opérations qui sont purement de regle, sont toujours plus ou moins praticables.

Le travail concernant l'impôt achevé, combien de choses encore à exécuter par un Ministre des Finances, qui doivent toutes marcher parallèlement à ces soins principaux ? Toute la législation de l'Etat exige véritablement son attention. Tandis qu'il s'occupe à mettre dans le meilleur ordre les revenus publics, il a besoin de porter les mêmes vues sur cette portion de biens qui forment le domaine de la couronne, afin d'en procurer l'utilité pour le Souverain & pour les Sujets; sur les autres biens généraux, comme les bois, les rivieres, les communes, les friches qui exigent de certaines loix pour leur usage, leur conservation, leur amélioration; de-là les ordonnances, les réglemens sur ces matieres: enfin sur cette troisieme partie de biens publics qui forment les revenus patrimoniaux ou d'octroi des villes dont la regle & le bon emploi sont si essentiels, l'administration municipale étant une branche déléguée de l'économie générale, & l'une des plus importantes pour le corps de l'Etat, qui tire une partie de sa force de celle de ses cités.

C'est à ce Ministre qu'est confiée le soin

foin de former ces mêmes villes, de les étendre ou de les borner ; de les diſtribuer ſur le territoire ; d'y appeler les travaux convenables, en plaçant ceux-ci à portée des productions ou auprès des conſommations néceſſaires. Ame & moteur principal, il met tout en mouvement, établit les communications, ouvre ou perfectionne les routes ; fait conſtruire des canaux, établit des foires, des marchés, enfin regle par une police générale la libre circulation de tous les biens.

Toutes ces loix d'ordre & de réglement portent ſur les loix civiles, concernant les poſſeſſions, comme ſur une premiere baſe : ſi celles-ci n'appartiennent point à ſon miniſtere, l'ordonnateur des Finances n'eſt pas moins obligé de les méditer, de les étudier. Il forme les ſiennes ſur ces loix générales des propriétés, comme étant ſon premier modele. Tantôt il engage à perfectionner les unes ; tantôt il en provoque de nouvelles ou de plus favorables à l'accroissement de la culture & du travail, mais toujours en considérant la pleine assurance de cette propriété & de tous ses droits, fondement le plus solide de l'impôt, qui ne peut subsister légalement sans l'entiere sûreté des possessions. Dans ces mêmes loix il tend à affranchir l'homme de l'homme, les biens des biens, autant qu'il peut, pour les assujettir plus efficacement au premier devoir envers la patrie. Par-là il les rend plus communicables, plus libres, & dirige plus aisément sa législation vers l'augmentation des valeurs, en consultant sans cesse, on le répete, ces loix inviolables de la propriété, parce qu'il sait que le possesseur de biens, le cultivateur, le manufacturier, l'artisan, chacun dans l'action qui lui est propre, repose sur la bonté de ces loix, & qu'elles font à l'homme dans son état civil, ce que les subsistances sont à son être physique & matériel.

Les biens publics & leur usage ainsi réglés par une habile législation, il se livre à l'établissement des arts industrieux & productifs; de ces arts qui font richesses & qui forment cette production précieuse propre à l'homme, laquelle, comme je vous prie toujours d'observer, engendre elle-même toutes les propriétés. Il fait de ces arts la base d'une population laborieuse dans les villes; les forme en corps; les assujettit à des réglemens dans leurs travaux, pour garantir par la loi leur fidélité & leur perfection dans la concurrence, où il abandonne ce qui, dans l'ordre général, est un bon principe, l'industrie a tout l'essor de la liberté, en s'occupant de ces arts principaux avec une attention privilégiée, il a encore des momens à donner à ceux de génie & de goût, ou même purement voluptuaires, en ce qu'ils secondent plus ou moins son système ; mais il se souvient toujours que, comme Ministre de la Finance, il est le modérateur des mœurs publiques, puisqu'il a dans ses mains les loix bursales; moyen réprimant qu'il peut employer, quand il veut, pour ramener la Nation vers les soins, les travaux & les goûts que l'ordre public consacre.

A l'institution & la parfaite ordonnance de ces arts secondaires qui prêtent la main à l'art par excellence, succede enfin la législation à établir par rapport au commerce intérieur & extérieur de l'Etat: ouvrage fort étendu & aussi difficile qu'essentiel.

Déjà, il a amassé à ce même commerce des matériaux par toutes les dispositions dont nous venons de parler. Il s'agit de lui donner des loix & une action soutenue, & j'ajouterai un relief convenable en le faisant participer aux distinctions de l'Etat, par préférence même à des professions plus éclatantes, qui n'ont ni son utilité publique, ni le même mérite réel dans leurs fonctions & leurs services.

Au-dedans, il fert ce même commerce de la maniere fuivante. Il facilite fes opérations en fupprimant ces droits intérieurs, ces péages, ces douanes qui gênent fi fort fa marche. Il abrege fes tranfports, diminue fes frais, en faifant conftruire par toute autre voie que celle des corvées, des chemins, des ponts, des canaux; en procurant la libre navigation des rivieres. Il met fes opérations fous la fauve-garde d'une législation privilégiée ; & c'eft dans cette vue que le commerce obtient fes jurifdictions particulieres, fes loix propres & fommaires, & jufqu'aux rigueurs de ces mêmes loix qui lui deviennent falutaires pour la fûreté & l'honneur de fes engagemens. Attentif à tout ce qui le concerne, il veille encore fur les monnoies, dans le rapport qu'elles ont avec fes fonctions. Pour aider celles-ci, il multiplie le fervice des premieres par des papiers qu'il rend tranfportables & négociables : par ce moyen il forme quelquefois un crédit qui ajoute à sa richesse réelle, enfin il lui tend la main en tout, le guide & le protege sans le perdre un moment de vue.

Lorsque le commerce agit au-dehors, il développe en sa faveur la protection la plus étendue. Tantôt il l'aide des moyens mêmes de l'Etat dans ses entreprises; il institue pour cela des compagnies privilégiées, & favorisées pour l'exploitation de quelque commerce particulier, lorsque celui-ci exige invinciblement cette méthode. Sans cesse il l'instruit par mille voies de son Etat, relativement aux autres Nations; il lui assigne des assemblées publiques & régulieres pour faciliter, assurer ses spéculations. Ses représentans sont appelés dans le conseil même du commerce national pour veiller à ce qui peut être de son droit & de son intérêt. Est-il en concurrence avec les autres Peuples? Il lui ménage des avantages dans les traités ou du moins la réciprocité, objet d'étude si compliqué & si difficile. D'autres fois pour le maintenir dans la jouissance des droits qui lui appartiennent, il employe avec sagesse les loix prohibitives ; loix qui sont dans les mains des gouvernemens, des armes offensives & défensives, à l'aide desquelles un pays empêche l'empiettement des autres Peuples, de droit ou de fait, sur ses fonctions. Il l'instruit, au moyen d'un tarif, de ce que l'Etat veut éloigner de lui par l'imposition d'un droit considérable; de ce qu'il veut en faire sortir, & de ce qu'il se propose d'y laisser introduire par un droit plus léger ou par l'absence de tout droit. De cette maniere l'importation & l'exportation se trouvent réglées dans l'esprit de l'intérêt public pour tous les objets qui se rangent dans ces deux classes. Il consulte dans tout cela ce qui peut favoriser la culture & le travail national, en observant à cet effet tous les mouvemens de l'industrie & de l'activité des autres Peuples. Il a enfin sur le fait de l'exportation, une importante & capitale question à décider, dont nous parlerons bientôt, savoir si l'Etat qui gagne toujours en débouchant les ouvrages de son industrie, trouve également un avantage à exporter la denrée qui fait la matiere de sa subsistance, dans la vue de procurer par le plus grand nombre d'acheteurs une vente plus considérable, &, par une plus forte vente, une plus abondante culture; ou s'il doit suivre d'autres principes par rapport à cette denrée de premiere, d'indispensable nécessité, ce que nous examinerons.

Déjà la terre, les arts, le commerce se trouvent réglés suivant l'ordre que nous représentons : c'est alors que le même Ministre pousse leurs opérations communes, par la Marine qu'il forme ou fait former dans un Etat; car il faut remarquer que dans la génération des prospérités, c'est la terre qui commence à peupler la mer, en fournissant les matériaux de ses entreprises, comme la mer à son tour, fréquentée par le commerce, vivifie & anime le territoire. La direction, les divers offices de cette Marine forment une autre administration positive qui appartient au département qui la conduit; mais l'ordonnateur des finances en tient les racines dans ses mains; il en entretient les sources par toutes les voies économiques dont nous venons de voir qu'il est l'auteur.

Ce pas fait n'est pas encore le dernier terme où un Ministre des finances porte le pays qu'il gouverne. A l'aide de la prospérité du territoire & avec le secours de la navigation, il met une terre riche en état de nourrir des terres étrangeres, & de recevoir d'elles en échange des productions propres à ses besoins & à ses satisfactions. Il joint à cette terre d'autres terres à de grandes distances par le lien de ces besoins. Il acquiert à son pays des Colonies; dernier progrès de l'aggrandissement d'un Etat.

Les loix qui dirigent ces possessions sont, par la nature de celles-ci, si différentes de celles que nos usages nous indiquent, si essentielles en même tems pour la prospérité du pays possédé, de même que du pays possesseur, qu'elles forment un nouvel ordre de législation & un nouveau champ pour ses travaux, quand ce gouvernement lui est confié, comme il le fut à Colbert.

Par tout ce qu'on vient de dire, on peut voir qu'un Administrateur des Finances exerce dans un royaume des fonctions qui, s'il est permis de parler ainsi, tiennent des soins mêmes de la Providence; ministere sublime dont les services sont véritablement inappréciables. Au milieu de tant de travaux, dont le dénombrement étonnera toujours l'esprit humain, & dont l'accord nécessaire est fait pour le surprendre encore davantage, un Ministre déjà chargé de ce poids infini de devoirs, a encore à parer aux cas imprévus; il a les guerres à soutenir, la foi publique dans l'Etat & avec autrui à maintenir, les dettes extraordinaires à acquitter, & les Peuples, dans tous les cas, à soulager ou à ménager (devoirs presque inconciliables, & cependant nécessaires à concilier) enfin la splendeur du Trône à entretenir, ainsi que la gloire de la Nation, par le concours de tous les arts, dont la protection lui est aussi confiée.

Voilà le champ de ce grand, de ce laborieux ministere. Pour pouvoir mieux vous montrer la justesse des principes que suivit Colbert durant qu'il l'exerça, il a fallu vous tracer avec quelque ordre la suite de tant d'importantes opérations, dont le tableau, quand il seroit encore plus étendu, ne comprendroit pas, à beaucoup près, toutes les parties de cette vaste économie qui exige, comme on voit, un si grand nombre de connoissances, qu'on a observé bien des fois, avec juste raison, que nulle partie de l'administration ne pouvoit préparer pleinement, pour une place qui les embrasse toutes.

Ce qui est & sera à jamais surprenant, c'est qu'en exposant tout ce qu'un Ministre des Finances doit faire, on n'a fait que peindre tout ce que Colbert a exécuté. Tantôt il a opéré en Ministre créateur, tantôt en législateur, tantôt en ordonnateur sur tous ces objets & sur une foule d'autres, de sorte que le détail des devoirs du Ministre de cette partie devient, dans la vérité, le récit de ses opérations, & que l'histoire de celles-ci à leur tour, ne fait que retracer les services du premier. Ainsi il a existé un homme dont les forces de l'esprit ont été aussi étendues, qu'une place qui ne connoît presque aucunes bornes.

Pour donner à ce travail quelque

utilité, voyons plus particulierement à l'application ce que les principes connus du même Ministre enseignent sur les points principaux de l'administration que nous venons de parcourir: s'il existoit un accord parfait ou presque parfait de ces principes avec la doctrine qu'on reconnoîtroit, à l'examen, être la meilleure concernant ces différens objets, un tel accord seroit sans contredit la plus belle lumiere que l'on pût répandre sur une science si importante au bonheur public.

Les Panégyristes de Colbert ont porté sur ce ministere leur jugement selon leurs différentes idées. Un tel jugement est d'une si grande conséquence, qu'il faut, s'il est possible, concourir à le fixer, rien ne pouvant être plus utile que d'avoir une opinion assurée sur des matieres de cet ordre, & rien aussi ne pouvant être plus glorieux pour ce Ministre, que l'espece de sanction que l'on donneroit par cet examen à ses maximes : s'il est un hommage digne de sa mémoire, le plus grand honneur à lui rendre de nos jours, sera certainement d'avoir à suivre encore presque généralement les leçons de gouvernement qu'il nous a laissées.

M. Colbert, ainsi que M. de Sully, Ministre ami des Peuples, tendit, autant qu'il put, à alléger l'impôt sur les terres. Il vit avec certitude que tout ce qu'il retrancheroit à cet impôt, il l'accorderoit à de plus grandes avances en faveur de la terre, à des défrichemens, à une meilleure culture. Sa droite & saine raison lui inspira bientôt de donner à cet impôt primitif la mesure fixe qu'il exige ; il la chercha dans le cadastre général qu'il entreprit de former & dont il enrichit en effet, mais non sans obstacles, quelques Provinces qui jouissent encore de ce bienfait. Il eût peut-être pu perfectionner & généraliser davantage cette méthode ; mais ses opérations annoncent qu'il envisagea ce grand moyen, dans sa maniere de traiter cet impôt essentiel.

La modération de cet impôt sera toujours une maxime de sagesse, autant que l'effet d'un sentiment louable dans un Ministre de la Finance, parce que si cet impôt est excessif, il peut blesser essentiellement la production : mal qu'on ne répare qu'avec beaucoup de peine, tandis que sa proportion raisonnable fait souvent que l'Etat gagne plus en augmentation de productions qu'il ne sacrifie en diminution d'impôt : bienfait alors intéressé, mais vraiment noble & digne d'un habile gouvernement.

Il maintint les droits sur les consommations qui ont les avantages dont on a déjà parlé, & n'eut pas le bonheur de découvrir à cet égard un mode plus simple d'impositions : sur cet objet il se livra à des travaux incroyables pour corriger les défectuosités infinies qui se rencontrent dans cette espece de contributions. On sait les loix sans nombre qu'il fit rendre pour régler cette épineuse perception : malgré cela elle forme & formera toujours une science trop compliquée ; elle entraîne tant de frais & obvie si difficilement aux abus, qu'il y a tout à perfectionner, ou plutôt à changer à cet égard. On ne peut trop le dire, tout impôt qui coûtera aux Peuples en pure perte une forte partie de son produit net, sera toujours un impôt très-fâcheux qui affectera le bien public de deux manieres, en faisant payer aux Peuples ce que l'Etat ne reçoit pas, & en manquant de faire profiter l'État de ce que les Sujets payent. C'est à corriger ces défauts, sources des malheurs des Peuples & de la ruine des gouvernemens, que toute l'étude de l'homme d'Etat doit se diriger.

M. Colbert rejeta long-tems de sa gestion tout ce qu'on appelle des expédiens, en un mot tous ces moyens extraordinaires qui ne sont que des taxes déguisées, quoique l'usage de pareilles ressources

reſſources fût preſque l'unique habileté qui eût regné juſqu'alors dans cette partie. La ſcience de la Finance ne commença, à vrai dire, qu'à lui. Il faut pourtant avouer qu'il s'écarta dans des tems de cette ſaine maniere de gouverner, par l'effet fâcheux des circonſtances où les guerres & les grandes dépenſes jeterent enfin le Royaume. Les avertiſſemens qu'il donna à ce ſujet à ſon Maître, montrent aſſez qu'il agit en cela contre ſes principes; & la douleur qu'il en éprouva, honore en même tems ſes ſentimens.

Il uſa dans ſon adminiſtration des loix prohibitives. Ce plan convenoit parfaitement au projet qu'il eût de mettre la France en poſſeſſion de tous ſes avantages, & de n'en rien abandonner à autrui. Il convenoit beaucoup plus encore aux intérêts de ce Royaume, eu égard à la ſituation où il le prit, quand il ſe chargea de ſes affaires.

L'abolition des loix prohibitives

dans tous les Etats respectifs, qui a fait l'objet des vœux de quelques personnes éclairées, présente un souhait, formé bien plus par le mouvement de l'ame que par la réflexion. Ce parti à peine admissible dans des gouvernemens donnés ou disposés exprès, ne sauroit l'être parmi des Etats si inégaux entr'eux par tant d'endroits. L'usage de ces loix, comme on l'a dit, est même le seul moyen que des pays peu riches ou moins favorisés, puissent avoir pour garantir leur fortune de l'envahissement des Etats opulens. Ceux-ci ayant déjà pour eux la supériorité de la puissance, laquelle les rend maîtres dans tous les actes publics entr'eux ou traités, auroient avec cette prépondérance, beaucoup trop, dans un Etat d'absolue communication, de la supériorité que leur donneroient encore tous les avantages qu'ils tiennent de la Nature. Qui ne voit que si l'abolition de ces loix, comme somptuaires, avoit jamais lieu, elle seroit toute en faveur des Etats riches terriens, qui ayant peu à demander & beaucoup à donner à autrui, imposeroient par le moyen de cette libre introduction plus d'un tribut sur leurs voisins ? Ainsi eu égard à l'inégalité en tout genre qui regne & regnera toujours entre les différens pays, attendu encore la différence de leur constitution qui se conserve par les mœurs, lesquelles à leur tour ne se gardent efficacement que par les privations, & périssent ou se perdent par les jouissances, il est inévitable, il est même salutaire que les moindres Etats maintiennent leur fortune & sur-tout leurs mœurs publiques, à l'abri de leurs loix prohibitives, de même qu'un Particulier peu opulent s'abstient des dépenses que ses facultés & son état ne comportent pas ; ainsi, dès que dans la société générale que forment les Etats entr'eux, il en est qui usent avec raison de ces loix, il est inévitable, il est même salutaire que les autres les admettent également dans leur régime.

A la vérité l'usage de ces loix est bientôt une affaire de représailles. La prohibition dans un lieu est promptement combattue par des prohibitions pareilles chez autrui. De cette maniere les gouvernemens respectifs s'isolent & se concentrent dans leurs propres biens : tout devient alors uniforme quant à la police. Il se peut faire que, dans un semblable état de choses, la richesse générale en souffre ; mais les dominations particulieres garantissent certainement la leur, en réglant sagement leurs besoins sur leurs facultés. Aussi dans cette espece de guerre que se fait la vigilance domestique des gouvernemens pour la défense des propriétés nationales, il résulte de ces prohibitions de bons effets, sur-tout pour les Etats peu étendus, les prévarications y étant facilement apperçues ; car entre ceux plus considérables, où les richesses excitent plus vivement les désirs, les fraudes trompent toujours la loi en grande partie; & il est vrai de dire, par rapport à ces derniers, que les biens nécessaires, les arts supérieurs emportent toujours la balance & pénetrent malgré tous les efforts. Si les prohibitions moderent un peu leur influence, cette derniere à la longue est nécessairement victorieuse, parce qu'en tout lieu l'homme (cet être qui en acquérant sans cesse désire toujours.) veut invinciblement & posséder & jouir.

Il est à observer que dans la position où Colbert prit la France comme dépouillée de la plupart de ses avantages naturels, par la plus grande diligence de ses voisins; l'emploi des prohibitions fut un acte d'une véritable habileté; acte qui eût été réellement fatal à la fortune précaire de quelques-uns de ses rivaux, si les circonstances eussent permis de soutenir entierement cette opération. Les tarifs qu'il forma à cet effet,

& dont la confection montre la profonde combinaison de ses vues, exciterent aussi une violente commotion chez les Puissances intéressées. Ce n'est pas que la France une fois rétablie dans ses droits, il fût nécessaire de maintenir ce systême avec la même rigueur. S'il est à propos que les loix prohibitives qu'il faut toujours considérer comme étant plus particulierement faites pour les États pauvres contre les États opulens, soient un peu rigoureuses lorsque l'on veut porter une Nation riche vers la culture des arts qui lui appartiennent naturellement, il est vrai aussi de dire, que lorsqu'une fois une semblable Nation a repris sa place, & que ses institutions ont acquis une certaine consistance, la liberté des communications lui devient peu dangereuse. Il est peut-être même convenable qu'elle modere alors considérablement ces mêmes loix, pour qu'à son exemple les autres Nations ouvrent des issues à ses nombreuses richesses.

Il paroît que M. Colbert connut cette vérité & suivit cette marche. Lorsqu'il s'arma de ces loix, la France ne jouissoit pas, ni à beaucoup près, de la prospérité où elle pouvoit aspirer. Il combina sagement les prohibitions du dehors avec les institutions du dedans, destinées à enrichir son pays. Son opération fut conséquente, & le succès y répondit. Mais en tout état de cause, pour se former des idées justes sur cette matiere, on peut dire que les prohibitions n'ont par elles-mêmes aucun effet absolu, mais seulement un effet négatif ou de circonstances : elles empêchent un pays pauvre de contracter des besoins ruineux ; elles contribuent à ce qu'un pays riche s'établisse dans tous ses droits. Du reste, c'est toujours la prééminence du sol, l'excellence des arts, le goût qui y regne, qui sont seuls capables de faire le fondement solide d'une situation opulente. Les prohibitions n'offrent que des moyens auxiliaires dans les mains du

Ministre qui les employe; & quand la fortune d'un pays se trouve une fois élevée sur de pareilles bases, tout ce systême devient presque surérogatoire, parce qu'alors ce même pays, à l'aide de tous ces avantages, a forcé toutes les barrieres chez autrui, & a très-peu besoin d'en poser pour son intérêt chez lui-même.

On voit déjà en avançant, comment sur chaque point d'administration, les regles qui leur sont particulierement applicables, quadrent essentiellement, eu égard aux tems, avec la maniere dont M. Colbert les a traités.

Il seroit d'un détail trop étendu, d'entrer dans un examen suivi de toutes les parties de ses opérations; mais il en est de principales, qui impriment leur caractere à toute une gestion & qui sont d'une telle importance dans l'ordre des objets qui la composent, qu'elles peuvent tenir place parmi les maximes mêmes qui reglent le systême d'un gouvernement.

Nous voyons dans cette classe trois objets, l'administration des grains, celle des colonies & celle des différens commerces. Il est intéressant de considérer ces trois parties essentielles, toujours relativement au système de M. Colbert, que je vous ai dit avoir été le plus parfait qui ait été conçu pour la prospérité de ce Royaume, ce que je vous annonçai, s'il vous en souvient, dans nos premiers entretiens sur cette matiere, & ce qu'il faut aujourd'hui achever de vous établir sur le papier.

En examinant d'abord le premier objet qui a rapport au commerce des grains, il est constant & reconnu qu'il est souverainement essentiel d'avoir la plus saine doctrine sur ce point. Elle est même d'une telle conséquence, que l'objet vu de telle ou de telle autre façon, change presque du tout au tout l'administration générale.

Voyons donc si l'on doit penser ou non, comme M. Colbert, sur cette matiere importante. Tout a dû vous indiquer déjà que la liberté absolue de ce commerce au dehors, n'étoit nullement applicable à son système, tel que je vous l'ai représenté, je dis au dehors; car celle intérieure entre les Provinces d'un même État, est toujours d'une saine administration, & se trouve enseignée par les mêmes raisons qui prohibent l'autre. Examinons par conséquent, s'il faut condamner sur le premier de ces points les principes de ce Ministre, ou rectifier les idées qui s'y trouveroient contraires ? C'est ce dont il est nécessaire une fois de se bien assurer.

Pour en bien juger, il ne faut pas perdre de vue que Colbert eut un plan lié de deux idées principales, l'établissement des manufactures & l'aggrandissement du commerce, destinés, selon ses vues, à procurer la parfaite culture de nos terres. Faute d'accorder sans doute dans le raisonnement des choses si fort unies entr'elles, on a articulé que ce Ministre avoit sacrifié le soin du sol au soin des arts moins nécessaires.

Contre ce reproche, je réponds que, l'objet étant mieux vu, le grief fait à Colber tourne en éloge pour lui, & que son attention pour l'agriculture se prouve par la preuve même qu'on a voulu donner de la négligence qu'on croit qu'il a apportée à cet art primitif. De-là, je dis que le système de Colbert a été mal jugé, qu'il faut au contraire l'admirer d'avoir eu ce coup d'œil de génie, qui fait la partie la plus sublime de son administration : ce n'est pas en dire trop.

On demandera d'abord par quelle voie il eût pu porter plus efficacement la culture de nos terres jusqu'au degré de force de notre sol, que par les consommations illimitées que devoit occasionner le travail des manufactures intérieures ; & d'autre part comment il eût pu, par une double vue, soutenir plus avantageusement ces mêmes manufactures, que par le prix réglé de leur main-d'œuvre, & ce prix par l'abondance continue des subsistances qu'une grande consommation intérieure, qui iroit toujours croissant, demanderoit sans relâche à la terre ? Sa marche ne fut aucunement de vouer la Nation à l'agriculture, pour en vendre les productions à toute l'Europe, jusqu'à concurrence de ses demandes. Ce plan eût été incertain, borné, & même fautif. On l'a déjà observé plus haut, mais on ne sauroit trop s'attacher à représenter que, premierement, pour procurer à la France, en ce genre une vente surabondante, capable de faire sa richesse, il eût fallu que les États consommateurs, que ceux agricoles, ses concurrens, eussent diminué d'autant leur culture. Une émulation pareille pour le soin de leurs terres, le secours de leurs loix prohibitives, une infinité de choses pouvoient déranger ce cours présumé de prospérités. En second lieu, dans le cas du plus grands succès, cette prospérité purement spécieuse, avoit elle-même ses limites, parce que dans une pareille hypothèse, une Nation riche par son sol & supposée pauvre du côté des arts, en vendant ses productions au dehors, ne fait précisément que nourrir chez autrui les arts qui lui manquent, si elle en use plus ou moins. Que si au contraire elle s'en prive, elle retombe dans un autre inconvénient, qui est de retrécir alors infailliblement sa culture, attendu que les besoins d'un Peuple sont constamment la mesure de ses travaux. J'ajoute en troisieme lieu, que cette vue eût été absolument fausse & la preuve en est sensible, en ce que c'eût été faire embrasser à la France un systême de pauvreté, & lui faire labourer son champ en tributaire des autres Nations, tandis que pour opérer en grand à cet égard, il falloit incontestablement lui faire prendre une route toute opposée. Cette route que Colbert a ouverte, confiftoit à lui faire vendre les productions de fes terres à fes arts domeftiques & nombreux, les produits de ceux-ci au commerce qui les débouche, qui les multiplie, & les fruits de tous à fes colonies deftinées à augmenter l'action des premiers. Pour arriver à tout cela, il étoit néceffaire de lui faire embraffer tous les genres d'occupations poffibles; de la mettre en état de primer dans toutes les entreprifes d'induftrie, de négoce, de navigation; & comme les befoins des nations font fans bornes & que toute l'activité des arts & du commerce ne fauroit y atteindre, le champ ouvert dès lors à la fortune de la France, n'avoit plus de limites: de ce moment on pouvoit dire qu'un royaume comme le fien, étoit gouverné par un plan digne de fon rang, feul propre à remplir fa deftinée.

On infiftera encore ici fur cette grande maxime, favoir, que la vente nue au dehors des denrées de fubfiftance ne peut jamais être regardée en général pour un État principal, que comme une vente pauvre & peu heureuse. Elle est pis encore, si on y fait attention; elle est meurtriere pour le pays vendeur, parce que si dans les proportions connues le travail d'un homme suffit pour en nourrir quatre autres, un pays qui commerce de ses subsistances, quand il peut en nourrir des ouvriers, ses sujets, donne à autrui sa propre population. Non-seulement il fait alors ce fâcheux sacrifice; mais il souffre encore bien d'autres pertes: il se prive du prix des travaux de ces mêmes hommes; la patrie perd des bras pour sa défense, & des contribuables pour ses besoins, par ce que le travail étranger, auquel cet État a recours, par la négligence de ses arts domestiques, lui en paye la valeur en échange, & ne la solde pas en bénéfice pour lui. Dès lors combien de pertes cumulées? Il n'est guere possible d'imaginer de disposition qui ait plus de désavantages pour un grand royaume qui a admis un pareil procédé.

Mais, dira-t-on, premierement, la fortune d'une Nation par la voie des arts a ses limites, comme par celle de l'agriculture. Secondement, il est dangereux de dégarnir cette classe principale, en jetant trop les hommes dans les autres. Troisiemement, les richesses de l'industrie sont variables, précaires, parce qu'elles sont toujours sujettes à revendication; enfin elles peuvent manquer de circulation puisqu'elles n'ont par elles-mêmes aucune nécessité absolue, tandis qu'une Nation qui bâtit sa prospérité sur la culture, l'éleve sur des fondemens dont la solidité est de tous les tems, de tous les lieux, & tient à l'existence même de tout ce qui respire.

Ces réflexions, qui ont sans doute séduit dans cette matiere, sont plus spécieuses que fondées. Tout ce raisonnement bien plus apparent que solide, ne part que de ce faux principe, qui est, que les arts peuvent offenser l'agriculture, tandis qu'il est constant au contraire, que celle-ci en général ne fleurit que par leur secours, & qu'elle ne fait richesse pour un Etat en particulier, qu'autant que ce sont les arts de cet Etat même qui appuyent la sienne. On a erré sur ce point, parce qu'on a toujours raisonné comme s'il eût fallu opter entre deux objets, au lieu que le vrai système est de les considérer comme indivisibles & de les unir, parce qu'ils sont réellement tour à tour cause & effet l'un pour l'autre, avec cette différence toutefois que l'agriculture est nécessairement le premier générateur. Ainsi ce sont deux branches de fortune qu'un grand Etat possede: il n'en auroit qu'une en déférant aux loix d'un plan contraire. On dit plus, il ne trouveroit même pas cette prétendue opulence qu'il se seroit promise de son agriculture, si elle étoit solitairement exercée, parce qu'il ne la posséderoit alors que comme un métier, qu'il ne seroit lui-même dans ses travaux que l'instrument d'un Maître étranger.

A la vérité un Etat sage doit conserver entre toutes ces classes une balance qui en empêche l'abandon, & retienne dans chacune d'elles les hommes qui leur sont nécessaires: ce point est vraiment capital. Celle du Cultivateur requiert tous les soins, & jusqu'à l'affection d'un gouvernement attentif, parce qu'elle est la classe primitive, la plus nombreuse, celle qui porte nécessairement le plus grand poids de l'édifice. Si cet objet dans les soins publics forme une œuvre fort délicate, un gouvernement est aussi, dans cette partie, fort aidé par les plus puissans moyens. On sait combien la simplicité originelle des mœurs, combien la vie naturelle attache l'homme à la terre. Il y croît, il y vit, il y meurt tant que rien ne déprave ses goûts, ou tant que cette terre, devenue pour lui mere marâtre, ne l'en chasse pas. Mais aussi si les mœurs se perdent; si ce sol qui le porte cesse de le nourrir, il le fuit & n'y reparoît plus. Il n'est point d'hommes; il en est peu qui rentrent dans son sein; les arts, les métiers, les autres travaux lui enlevent sans cesse ses enfans & ne lui restituent rien en ce genre; cette terre à son tour jalouse ne revoit communément plus ceux qui l'ont une fois quittée. Les racines de l'arbre se trouvent desséchées pour eux par la perte de cette simplicité premiere qui les y tenoit attachés; il n'en sauroit produire de nouvelles.

Telles sont les considérations qu'un gouvernement ne perd pas de vue pour le ménagement de cette classe essentielle. Il a heureusement dans ses mains la vie de ces plantes précieuses, de cette portion d'hommes qu'on nomme les gens de la campagne, mais qui ne forment pas moins par-tout le corps des

Nations en dépit de l'orgueil & des prétentions des autres ordres, & pour tout dire, le vrai sang des Nations, parce que cette classe primitive, considérable, donne seule les hommes naturels, tandis qu'on ne les reçoit des autres qu'artificiels ou corrompus. C'est dans cette classe que reposent ; c'est de son sein que se développent ces germes, qui constituent ce qu'on appelle le caractere particulier ou la vertu d'un Peuple, ce qui est une seule & même chose que sa puissance. A combien de titres cette partie du genre humain doit-elle donc être considérée ? On peut tout à son égard quand on veut. La douceur des gouvernemens entretient cette simplicité de mœurs qui lui est nécessaire ; & la modération, la sagesse de l'impôt la font jouir de cette bienfaisance, que le sol pour sa part ne refuse presque jamais.

C'est par de pareils moyens que les Etats maintiennent la balance entre la terre & les arts, & qu'ils fixent entiérement les hommes sur la premiere, dont l'attrait d'ailleurs est invincible lorsque rien ne le combat. O classe heureuse & fortunée! Tu ne veux que paix & subsistance; la richesse même te corromproit, t'altéreroit. A combien peu de frais peut-on donc posséder des hommes si précieux pour les Empires? A combien peu de frais encore les rend-t-on donc heureux, & beaucoup plus heuheux que ceux qui, avec plus de richesses, n'ont pas les mêmes vertus.

C'est ainsi que je crois pouvoir tracer en passant l'image que l'on doit se former, par rapport à cette portion d'hommes qui font le soutien de l'agriculture. Avec ces salutaires maximes, on peut, sans danger, associer à son agriculture cette industrie si puissante; industrie qui, dans l'état présent de nos sociétés, peut seule former un pays riche de cette sorte de richesse, que le progrès des Nations a amenée, & qui forme une carriere nécessaire à parcourir pour elles, à moins que des constitutions d'Etat, plus fortes que ce progrès naturel, lesquelles n'existent pas, n'arrêtent les Nations dans cette marche comme inévitable pour elles.

Que si ce plan pour la conduite de l'agriculture est fondé; que s'il est même le seul qu'un Etat principal puisse adopter, combien une Nation voisine qui est dans l'ordre de ces grands Etats dont je parle, ne se seroit-elle pas dangereusement trompée, mais moins encore que n'eût fait la France, lorsqu'elle a encouragé dans ses loix la sortie de ses bleds, même par des récompenses? M. Colbert, auquel nous revenons toujours, n'a jamais fait autoriser par aucune loi formelle durant son ministere, l'exportation de cette denrée. Ses Panégyristes ont voulu l'en disculper, en disant que, durant le cours de son administration, il avoit souvent favorisé cette sortie par des permissions particulieres. Ils l'eussent bien mieux loué à mon avis, & dans le sens de ses principes, s'ils avoient pu constater, ce qu'on ne peut savoir précisément, mais ce qu'on pourroit peut-être présumer, savoir que la France n'avoit jamais été dans le cas d'exporter ses grains, par la grande consommation qui alloit en augmentant chez elle, & même qu'elle s'étoit vu forcée momentanément d'en tirer du dehors, parce que la population de ses arts marchant plus rapidement que l'action de ses terres, avoit exigé dans quelques circonstances un surcroît de secours. Le thermometre de sa prospérité, en raisonnant toujours d'après nos principes, eût été bien mieux indiqué par des achats que par des ventes au-dehors, quoiqu'il ait paru nécessaire de justifier M. Colbert sur le premier objet, & qu'on ait regretté qu'il n'ait pas pu réussir à établir le second.

De tout cela je déduirai une maxime que je crois fondamentale, mais que je

K iv

ne prononcerai toutefois, qu'avec le doute qu'exige une décision si profonde, qui est que la denrée de premiere nécessité, dans un Etat propre au regne des arts, doit être un objet d'économie intérieure, mais jamais par sa nature un objet de commerce. Si-tôt qu'elle forme la matiere des spéculations habituelles, la direction d'un Etat se trouve fausse, parce qu'il se méprend sur la véritable destination de ces premieres richesses. Il expulse les biens, les hommes qu'il eût fait naître chez lui, & commet la faute politique qui peut être de la plus grande conséquence.

Après tant de réflexions, s'il étoit question encore de prouver le fondement de mes assertions par cette espece de preuve qu'on appelle les contraires, rien ne seroit plus facile que d'établir qu'il n'y a rien de moins certain que la liberté du commerce des grains procure à un Etat tous les avantages prétendus par le bon prix qu'on veut qu'elle attire à ses productions. Il est apparent sans doute que le marché de l'Europe, plus vaste que celui d'un Etat particulier, doit faire enchérir, par la concurrence, la matiere, & que cette hausse de prix est propre à faire cultiver davantage. Mais il n'est pas aussi avéré qu'on le croit (ce à quoi on n'a pas peut-être fait assez d'attention) que *l'Etat lui-même* dans la totalité des tems & sur la totalité de ses ventes, gagne une solde avec l'Etranger. Peut-être est-ce ici le cas où le Particulier vendeur gagne & où l'Etat perd, comme dans certains genres de commerce le Négociant peut bénéficier & l'Etat s'appauvrir. Ces deux especes ont plus de ressemblance qu'on n'imagine.

Pour s'en convaincre, il faut d'abord s'assurer si l'Etat gagne effectivement cette solde par une vente constante à l'étranger : fait qui n'a encore été suffisamment vérifié, ni prouvé. Les années de disette ou de besoin succedent bientôt aux années d'abondance. L'acheteur alors redevient le vendeur & reprend avec usure par ses fournitures extraordinaires les bénéfices qui avoient été faits sur lui dans des tems de besoin. D'ailleurs quand ce bénéfice de vente existeroit, il faut toujours revenir au vrai dans cette matiere, qui est qu'un pays souffre souvent des pertes au milieu de ce bénéfice, & qu'il en souffre d'autres de plus d'un genre quand il vend autre chose que le trop plein qui se trouve chez lui après la consommation prise de ses arts nombreux. Il procure peut-être par ce procédé le bénéfice du Fermier ou du Spéculateur, pour qui seuls, à vrai dire, cette liberté est utile, & néglige le sien qui ne se trouve point, on le dira sans cesse par ce que toute la question gît en ce point, à vendre ses subsistances, mais qui consiste essentiellement à les faire consommer à des regnicoles, tant qu'il y a chez lui de nouveaux travaux à créer ou à remplir : bénéfice en un mot, qui consiste pour lui à marcher de productions en travaux, & de travaux en productions, & à persévérer enfin dans cette route jusqu'à ce que la terre & les arts ayent rempli graduellement toute leur étendue : carriere fort longue & fort vaste à parcourir.

Ce plan, comme on voit, est l'inverse du plan dont il s'agit. Or, ce plan est le seul qui soit dans l'intérêt précis d'un État, quand il est bien entendu. Dès que tout pays riche ne tend pas à ce but, il erre incontestablement & embrasse un système d'autant plus dangereux, que ce système est très-propre à le tromper lui-même par le faux éclat de prospérité qu'il présente, en ce qu'il facilite pour un tems la crûe de l'impôt, en ce qu'il agrée assez généralement aux propriétaires cultivateurs, tandis que par ce procédé une des plus fermes colonnes de la prospérité publique s'ébranle ; systême par conséquent qui sous les mots séduisans d'abondance & de liberté, cache une erreur profonde fort difficile à découvrir.

Ce n'est pas là tout : supposons la liberté du commerce des grains au dehors admise comme loi de l'État dans un Royaume comme la France, dont nous avons vu sur quelles bases la fortune étoit établie, & nous nous convraincrons de plus en plus qu'elle peut y occasionner beaucoup d'autres inconvéniens particuliers & fort graves.

L'admission de cette liberté fait bientôt renchérir le prix des grains, & ce prix, celui de toutes choses. Si ce haussement s'établit une fois par la continuation de la liberté ; dès ce moment il ne se corrige plus, du moins qu'avec beaucoup de tems & beaucoup de peine, même après le retour à la prohibition. De là que résulte-t-il ? L'Ouvrier industrieux, dont la subsistance est plus couteuse, vit alors plus difficilement. Pour y subvenir il dénature son travail, ce qui lui fait perdre sa supériorité; & s'il veut renchérir ses ouvrages, il succombe dans la concurrence. En dernier terme, il se fatigue, il se lasse, & après de vains efforts, il s'éloigne d'une terre où le travail ne paye plus sa vie. La suite d'une pareille méthode pour un État est donc de voir altérer ou diminuer ses travaux d'industrie. Ainsi par un effet fâcheux fort contraire aux fausses espérances de la liberté, l'agriculture qu'on a voulu enrichir, appauvrit elle-même les arts en renchérissant leur subsistance; ceux-ci à leur tour font porter à la culture la peine de leur pauvreté & quelquefois de leur destruction, de sorte que cette prétendue régie favorable à l'agriculture l'affoiblit, la blesse réellement, ainsi que tout ce qui porte sur elle. Voilà ce qui résulte de ce système dont les mauvais effets que l'on voit se cumuler, démontrent de plus en plus le danger.

Ces inconvéniens, tout sérieux qu'ils sont, ne sont pas les seuls qui résultent d'un pareil ordre de choses. Si la partie industrieuse de la Nation souffre nécessairement d'une telle disposition, le trésor de l'État paye souvent à son tour fort cher les bénéfices faits par le propriétaire de la denrée. Il survient enfin des disettes; c'est alors qu'il se trouve forcé d'acheter & de faire venir à grands frais la denrée qui s'est écoulée, parce que les Ouvriers de ses nombreuses manufactures en manquent, ou ne peuvent atteindre au prix de son renchérissement. Ces secours sont coûteux & difficiles, souvent tardifs; la souffrance qu'en éprouvent les Peuples, travaille alors d'une maniere très-fâcheuse un gouvernement. Après ces tristes expériences, il veut enfin rentrer dans ses anciennes mesures; mais le mal est fait, le coup est porté, & voici dans ce second cas ce qu'on éprouve.

Le propriétaire de la denrée nécesfaire qui a connu une augmentation de prix sans nouveaux frais & sans nouveau travail de sa part, ne veut plus s'en détacher; & les moyens pour faire la loi ne lui manquent pas. Les bénéfices qu'il a faits dans les tems de liberté, le mettent en état de se saisir des grains. Il en soutient le prix par mille pratiques, & de cette maniere continue à faire trouver la cherté dans les années d'abondance. En vain l'État y oppose sa police, toujours insuffisante en pareille matiere, & quelquefois même abusive; il résiste, il se défend. Les sujets inquiets comparant les prix avec les récoltes se tourmentent. Le ministere lui-même, malgré toute sa vigilance, éprouve des sollicitudes réelles; & ces peines pour le peuple, & ces momens difficiles pour un gouvernement sont le fruit d'un moment d'erreur que le mot de liberté trop propre à séduire, aura occasionnée.

Voilà les réflexions que les principes mêmes de la matiere me paroissent dicter. Quand une question est ainsi décidée par le fond des choses, on est bien dispensé d'examiner toutes les raisons particulieres d'exception qu'il pourroit y avoir pour la France à la loi indéfinie de la liberté. La différence de fertilité de ses différentes provinces, leur position topographique, eu égard à la communication des secours, la grandeur de la capitale, dont l'approvisionnement a nécessité dans divers tems une police, même au milieu de la loi de la liberté, la promptitude de l'écoulement de cette denrée, & la lenteur de son retour comparées avec l'urgence impérieuse de ce besoin qui n'admet ni délais, ni réflexions & qui se manifeste avec une violence proportionnée à la nécessité de l'objet & à la multitude des voix qui le réclament ; tout cela a fait juger depuis long-tems que dans un royaume dont le matériel est ainsi disposé, qui a des villes nombreuses, & comme j'ai dit, une capitale immense,

sans

sans doute trop forte, seule ville située aussi avant dans les terres qui soit de cette population & de cette force, (ce qui est à remarquer) & qui devient par-là si critique pour sa subsistance, quoique environnée de provinces fertiles & secourue par nombre de rivieres; qui a de plus un état militaire considérable à approvisionner, souvent des préparatifs secrets à faire, ne pouvoit pas supporter sans danger le régime absolu de la liberté au dehors. Tous ces obstacles sont si sérieux, qu'au jugement de beaucoup de personnes, ils forceroient seuls à déroger aux principes les mieux fondés, s'il pouvoit y en avoir d'autres que ceux que nous venons d'exposer, parce que ces principes eux-mêmes recevroient une exception forcée par rapport au local de ce Royaume, & vu le caractere de nécessité de la denrée dont il s'agit. Cette nécessité a été souvent, mais peut-être jamais assez considérée. Un besoin qui produit des craintes plus vives que celles de la guerre, de l'incendie & de tous les fléaux qui touchent à la vie, parce que les craintes dont on parle, sont non-seulement celles pour l'existence même, mais encore parce qu'elles se font sentir à tous à la fois, pour le moment le plus prochain, & ce qu'il y a de particulier, dans la pleine force & santé de l'être qui éprouve un pareil besoin. Une nécessité qui a ces caracteres, qui est en même tems si absolue, qui ne se manifeste jamais que par des commotions, parce que dans ces sortes de calamités, l'homme ne souffre point ces maux comme des maux nécessaires & qu'il en accuse toujours ceux qui le gouvernent; une telle nécessité, si l'on y prend garde, doit faire taire tous les calculs & rend toute preuve par le raisonnement fort périlleuse. L'administrateur en méditant sur ce sujet sent encore qu'il n'y a point à cet égard de démonstration pour le Peuple qui ne raisonne pas sur le fait de sa subsistance. Il sait que celui-ci a besoin de voir pour croire ; qu'il veut toucher, pour ainsi dire, des yeux la denrée qui le nourit pour être tranquille ; il sait enfin que si la simple opinion se perd sur ce point il y a déjà, par cela seul, disette, & disette réelle ; ce qui est tellement vrai, qu'à parcourir notre histoire, on y verra plus de malheurs en ce genre qui sont partis de la seule opinion, que du besoin constant & effectif. Tous ces effets lui paroîtront d'autant plus à craindre, quand il s'agira d'un Royaume comme la France, où la population, dans l'état présent de l'Europe, est la plus forte. De là, il jugera, par toutes ces raisons d'exception, que la pleine liberté peut difficilement être une loi ferme pour elle, mais il reconnoîtra bien davantage par le fond des principes que nous nous sommes appliqués à développer, que dans l'esprit d'une bonne gestion la matiere des subsistances ne doit point être traitée comme les autres objets qui entrent dans la circulation, & que, soit dans la théorie, soit dans la pratique, on ne peut ni parler ni agir à cet égard comme pour tout ce qui est soumis au commerce des hommes. Par une suite de ces mêmes principes, il sera convaincu qu'une Nation qui vend au dehors les matieres de premiere nécessité, vend plus que des denrées, qu'elle vend alors la substance de l'État, le germe de sa propre population, parce qu'il est difficile qu'avec un meilleur gouvernement, elle n'eût pas pu faire servir cet excédent de récolte à une augmentation d'hommes & de travaux ; il verra évidemment que ce n'est point là la marche d'un Empire ; que son agriculture ne sauroit être excitée avec avantage pour lui, par la vente de ses grains au dehors, même quand il y auroit bénéfice dans la totalité de ses exportations ; qu'une agriculture qui reçoit de l'accroissement par cette voie, (accroissement qui a lieu effectivement dans ce procédé) ne suppose point la richesse foncière & réelle d'une domination ; qu'elle n'est alors chez elle que le tribut, ou le supplément qu'elle acquitte pour les autres arts qui lui manquent ; en un mot que toute agriculture étant forcément proportionnée à la masse des consommateurs, elle ne peut devenir de même que tous les autres arts, fortune & richesse pour un pays quelconque, qu'autant qu'elle est engendrée & entretenue par ses travaux intérieurs. Telle est la grande vérité que je m'applique à établir dans cet écrit, & qu'il est si essentiel, à ce qu'il semble, aux gouvernemens de méditer.

Ainsi il résulte, de tout ce qu'on vient de dire, que la liberté indéfinie du commerce des grains n'est point admissible dans un Royaume disposé comme la France, ni même pour tout État qui voudra tendre au mieux pour sa prospérité, & qui aura reçu de la nature des droits pour ce succès. Cette liberté, loin de pouvoir y former un régime habituel, doit peut-être être mise au nombre des erreurs réelles de nos plans économiques ; & quand les considérations, décisives au fond, que l'on vient de rapporter n'existeroient pas, on peut dire, par rapport à la France, que les raisons qui se tirent du matériel & de la disposition de ses terres, suffiroient pour lui faire balancer avec les plus forts doutes, le parti de la liberté absolue. Quand elle procédera selon les bons principes, on n'y verra guere que des ventes momentanées en cas de surabondance de récolte : encore est-il à désirer qu'on en puisse faire un meilleur emploi ; ces ventes particulieres ne pouvant jamais être regardées en elles-mêmes comme un signe de prospérité, mais simplement comme un acte mercantil qui fait déboucher une matiere inutile pour le moment aux premiers besoins.

Quand le Fermier, le Spéculateur fait vendre au-dehors cette denrée, il la traite alors comme objet de commerce, à-peu-près comme le Négociant qui emploie les métaux comme marchandises, quand ils ne peuvent pas être dans ses mains les signes des valeurs; mais un État a & doit avoir des principes bien différens. Il considere toujours ces premieres productions sous un autre caractere. Il achette avec elles, tant qu'il peut, des hommes, des travaux avant que de les vendre contre des especes. Il leur fait parcourir tout le cercle que nous avons décrit, en les élevant jusqu'au rang de sources des arts & de la population par les voies dont nous avons considéré la magnifique progression. A la vérité, sa marche dans cette route hardie, n'est jamais si pleine, ni si assurée, qu'il ne tombe toujours quelques portions de cette production précieuse dans la classe des objets de spéculation & de commerce. Alors il les abandonne comme des parties égarées, dont sa prospérité fonciere n'a pas pu se saisir, & dont il convient de ne pas perdre le prix. Il se borne à un gain de trafic, au lieu d'un gain politique; mais il ne s'enrichit vraiment un vendant au-dehors, que lorsqu'il fait l'un & l'autre de ces gains, lesquels gains ne peuvent avoir lieu, que lorsqu'il y a un trop plein dans ses productions, après que ses arts parvenus à leur période sont annuellement approvisionnés. Voilà le seul cas où cet excédent de productions sort d'un État avec bénéfice réel pour lui, & j'ajouterai, d'après tout ce qui vient d'être dit, avec honneur pour ses loix. Hors ce cas, jusqu'à présent inconnu dans nos gouvernemens, la vente à l'Etranger de la denrée principale, ne paroît pas pouvoir être mise au rang des bonnes loix économiques, & l'on se croît autorisé à en porter ce jugement, après avoir approfondi, comme l'on vient de faire, cette matiere. On ne pourroit pas non plus défendre avec succès la liberté du commerce des grains au-dehors, quand on voudroit ne la considérer que comme une simple loi de police générale, qui auroit pour objet seulement d'égaliser avec le tems le prix des grains dans un Etat, dans une proportion favorable aux cultivateurs & aux consommateurs, ainsi que quelques personnes le prétendent. Sans discuter ici cette disposition infiniment délicate, je dirai qu'une telle liberté ne peut que blesser les principes essentiels de gestion dans cette partie que j'ai tâché de poser dans cet écrit, attendu que la vente effective & habituelle au-dehors de la denrée principale, aura toujours lieu avec l'établissement d'une liberté absolue & indéfinie à ce sujet.

Or, la loi de reglement ne doit jamais offenser la loi supérieure de législation, jugée propre au bien d'un Etat; & je crois avoir prouvé qu'une pareille loi, celle qu'on peut appeler fondamentale, dans cette importante manutention, consistoit à accroître en soi & chez soi son agriculture, par l'action infiniment multipliée des travaux subsidiaires au travail de la terre. Je crois avoir prouvé en outre, que la vente des matieres de subsistance au-dehors n'enrichissoit point réellement un Etat, dont la fortune ne s'opere pas en la même maniere que se forme la fortune des Particuliers; & quand on supposeroit que la liberté de vente dont on parle, ne causeroit pas un trop grand renchérissement dans le prix des subsistances, & par-là ne blesseroit pas les arts dans leur main-d'œuvre, & par la souffrance de ceux-ci, l'agriculture elle-même; je dis plus, quand on accorderoit à ce procédé des effets entierement prosperes, tels que ceux d'étendre l'agriculture par des défrichemens, par une culture plus riche en avance, plus soignée, plus parfaite, je croirois pouvoir avancer encore qu'il n'y auroit en ce cas nulle prospérité solide pour un Royaume dans un pareil accroissement, parce qu'enfin le principe suivant est inflexible par sa nature, qui est, que toute agriculture dans tous ses degrés d'augmentation, ne peut être réputée appartenir réellement à un Etat, & lui être profitable, qu'autant que son action intérieure l'a enfantée dans tous ses progrès. Hors ce dernier cas, elle ne peut jamais former par ses débouchés qu'un gain numéraire particulier, si même ce gain est certain & durable; tandis que ce genre de biens a reçu de la nature une plus grande propriété, celle d'apporter aux Etats une double richesse, savoir en augmentation d'hommes & en accroissement de travaux: richesse bien autrement précieuse qu'un vain numéraire qui n'est fortuné pour un Royaume, qu'autant qu'il représente chez lui ces deux grandes valeurs (productions & produits), seules valeurs essentielles & réelles qu'il y ait sur la terre & parmi les hommes réunis en société.

De tout ceci on conclut finalement que la liberté du commerce extérieur des grains est inadmissible, comme loi économique; & si elle est présentée par ses partisans, comme objet de reglement; ce qui revient alors à une loi de police, pour parvenir à une fixation égale du prix de cette denrée; je ne vois pas comment, sous ce second point de vue, elle peut être employée sans danger, dès qu'elle est sujette à blesser la regle fondamentale de cette gestion, à laquelle il faut, comme de raison, tout subordonner.

Telles sont les dernieres réflexions qu'un sujet dont l'étendue échappe à l'esprit à chaque instant, me fait naître. La matiere meneroit trop loin, si j'obéissois à la foule d'autres idées qu'elle présente; mais ce grand nombre de considérations dont elle est environnée, avec l'importance de l'objet, m'avertit aussi, au milieu de mes certitudes personnelles, de les déférer avec encore plus de soin, comme des doutes raisonnés, que le zele me suggere.

Un tel système cependant differe fort, comme on voit, de celui qui semble avoir fixé depuis un certain nombre d'années beaucoup de personnes éclairées; mais l'on estime, malgré le poids des Auteurs excellens qui ont traité cette matiere, que cette question, en elle-même de la plus grande importance, n'a pas été assez approfondie par tant de bons esprits. La Nation entraînée par leurs écrits, certainement pleins de lumieres, s'est trompée après eux. M. Colbert qui opéroit dans un tems où il y avoit moins de connoissances répandues sur ces matieres, en avoit jugé tout autrement, & s'il a si bien vu l'objet avant le siecle du raisonnement, c'est véritablement le cas de rendre hommage à l'admirable sagacité de son génie. Ce point décidé à sa gloire, on est bien fort pour soutenir que nul Ministre n'a mieux saisi que lui la véritable destination de ce Royaume, que nul aussi n'a mieux choisi les moyens qui pouvoient le plus efficament y conduire.

Passons au second objet d'administration dont nous avons parlé, je veux dire les colonies; établissemens qui sont si propres à donner à la fois de l'activité à nos terres & à nos manufactures, de sorte que si celles-ci secondent puissamment les premieres, les colonies ont cet avantage particulier & remarquable qu'elles excitent & la terre & les arts pour lesquels à la fois elles sont instituées; caractere qui indique toute leur importance.

Il n'est pas douteux que M. Colbert a saisi aussi les vrais principes d'utilité de ces établissemens. Son attention aux progrès de nos principales possessions en ce genre, & ses soins pour nous en procurer de nouvelles, indiquent toute la part qu'il leur donnoit, dans son opinion, à notre prospérité, sur-tout eu égard à la nouvelle direction que commençoit à prendre la fortune de l'Europe. Il s'occupa du rachat de Saint-Domingue, de l'ordre à mettre dans nos possessions du Canada, & de la formation des deux Compagnies des Indes Orientales & Occidentales, dont nous parlerons bientôt plus particulierement, à l'aide desquelles la France devoit se montrer avec avantage dans les diverses parties du monde. Cependant malgré tous ces soins, il faut convenir que les travaux de l'intérieur ne lui laisserent pas assez de loisir pour donner à cette difficile & essentielle administration tous ceux qu'elle exige. D'ailleurs au tems de M. Colbert, cette partie étoit encore peu connue. Peut-être ne peut-on pas se flatter d'avoir acquis encore sur cet objet toutes les lumieres requises pour son succès ?

Voyons toutefois en suivant notre plan, comment les saines regles sur cette partie s'accordent avec celles de l'administration connue de ce Ministre; la liaison de ces nouveaux objets avec ses plans ne peut qu'être satisfaisante, & répandre un nouveau jour sur les grandes parties d'économie publique que nous considérons dans cet écrit.

Établir une colonie, c'est aller peupler & cultiver une terre éloignée, pour que celle-ci à son tour fasse cultiver & peupler la terre principale dont elle dépend, telle est son institution ; tel doit être aussi son office.

De cette seule définition on peut inférer toutes les loix qui doivent régler ces possessions ; celles qui ne s'y plieroient pas, seroient évidemment fausses & destructives, puisqu'administrer n'est autre chose qu'appliquer des regles aux objets selon leur destination & leur fin.

Premierement, on peut donner pour principe, comme on l'a déjà dit, que la possession des Colonies ne convient qu'à des États puissans & riches. Leur possession étant une occupation qu'il faut sans cesse protéger, & leur usage consistant dans un échange de biens respectifs, ces deux choses exigent puissance & richesse dans l'État possesseur, pour qu'il en jouisse solidement & utilement. La Hollande n'est point une exception à cette maxime. Cette République ayant mis toute sa force dans le commerce, elle se trouve déjà par cette voie hors de la classe des États médiocres; elle possede ensuite ses Colonies, beaucoup plus pour son commerce que pour son territoire, ce qui n'est pas la maniere la plus parfaite d'en jouir, mais ce qui rentre sous cet aspect dans l'esprit de mes assertions. Enfin la sûreté de ses possessions est peut-être beaucoup plus à l'abri de la politique de l'Europe, que sous la sauvegarde précise de sa seule puissance. Ainsi sans en dire davantage à cet égard, je

M

crois pouvoir énoncer que la puissance & la richesse sont requises, pour que ce genre de possession soit utile au pays possédé, ainsi qu'au pays possesseur.

Le *medium* de cette Puissance consiste dans les forces maritimes; ce sont elles qui font la force du lien commun. En même tems qu'elles garantissent au possesseur sa chose, elles maintiennent la Colonie dans l'union & la dépendance relative. Sans cette force de la Patrie principale, la Colonie ne se regarderoit plus comme protégée; elle perdroit cet esprit d'union; elle se détacheroit dès qu'elle ne se croiroit plus attachée; ce sentiment de sa propre sécurité la garde au-dedans autant que la puissance du dehors la défend. Dès que cette derniere manque, tout est précaire, l'union n'est pas solide, parce que les rapports essentiels n'existent plus. En un mot la possession d'une Colonie ressemble à une conquête continue que la seule Puissance assure, & qu'après elle les bonnes loix seules font conserver.

J'ai dit qu'il falloit en second lieu qu'un Pays fût considérable & riche de son sol pour jouir utilement de ces sortes de biens. Il n'y a qu'une grande consommation habituelle qui puisse soutenir continuement une grande culture. Les seuls États considérables offrent cet avantage. Les seuls États riches peuvent encore entretenir ce double rapport, qui constitue l'utilité réciproque dans le système de ces possessions; car avoir une Colonie qu'on n'alimente, qu'on n'approvisionne pas avec les productions de ses terres & de ses arts, c'est avoir un vain titre de propriété. C'est pis encore; c'est exercer une propriété abusive: pour qu'elle soit fructueuse au propriétaire, & j'ajouterai raisonnable par rapport au Pays occupé, il faut pouvoir déboucher tous les produits de sa Colonie, & être en état de lui fournir tout ce qui est nécessaire à ses besoins, & même à son accroissement : il n'y a que cette maniere de posséder qui puisse former une possession pleine & entiere.

De ces principes naissent d'autres maximes : il suit de-là que les Colonies ne doivent point être ouvertes pour le commerce aux autres Peuples. Lorsqu'un État qui se charge de ces possessions n'est pas dans le cas de leur administrer tous leurs besoins en entier, il n'a pas reçu de la Nature le droit d'avoir de tels établissemens; il entreprend au-delà de ses forces ; son œuvre est illusoire, & la porte qu'il ouvre à sa Colonie pour quelque objet, en fait pénétrer une multitude d'autres. Dès-lors sa possession est divisée : elle est presque nulle pour lui. On peut dire à la vérité qu'il occupe d'autres terres, mais il n'en jouit pas.

De-là on inférera encore que les Colonies, pour bien remplir leur office, doivent cultiver des productions hétérogenes à celles de leur Patrie principale, nécessaires ou utiles aux consommations de celle-ci, & dépendre d'elles pour leur subsistance & autres objets de premiere nécessité. Il n'y a qu'un tel rapport qui ait pu fonder leur union ; c'est de son maintien exact que résulte toute son utilité. Si les Colonies ne cultivent pas pour le seul Pays possesseur, si elles ne consomment pas exclusivement ses productions & ses travaux qui auront été la solde des siens, leurs fonctions n'ont plus de relation à sa prospérité; & cette action des Colonies sur les terres & sur les manufactures du pays propriétaire, qui en a fait rechercher l'occupation, n'existe plus. Ce n'est absolument que par cet office précis que les terres des isles de l'Amérique peuvent être profitables à nos terres d'Europe, les améliorer, les couvrir d'Habitans. Tous les effets merveilleux qui doivent résulter de ces établissemens, ne consistent que dans ces points uniques. Ce n'est, en un mot, que de cette maniere qu'ils méritent d'occuper les soins, les forces & la navigation d'un État.

Que si les terres de quelques Colonies se trouvent semblables aux nôtres pour les productions, sur-tout pour les objets de premiere nécessité, elles ne valent rien alors ni à découvrir ni à posséder, ce qui est principalement vrai quand elles tiennent à un continent étendu. Bientôt elles s'affranchissent de toute relation, parce que tout Pays qui a du bled n'a que sa liberté & son indépendance à désirer; & dès-lors qu'il tient cette indépendance de la Nature, il l'acquiert inévitablement avec le tems par les loix. De pareilles possessions formeront toujours de mauvaises découvertes, considération faite de l'avantage d'un État en particulier; car à envisager tout le globe, il importe peu à l'humanité où la population soit placée, pourvu que celle-ci soit laborieuse & heureuse; mais pour achever de prononcer sur l'espece de Colonies dont il est ici question, on peut dire que celles de ce genre ne sont propres qu'à attirer à elles & les hommes & les arts des pays possesseurs : à la longue elles operent nécessairement la migration des hommes.

Telle sera en effet la destinée des établissemens formés par les Européens dans le continent de l'Amérique septentrionale. Ces terres nouvellement cultivées, où les loix auront cette douceur primitive qui se trouve perdue dans nos gouvernemens dépravés avec nos vices, appelleront peu-à-peu à elles la population ; car par-tout les terres heureuses & fécondes, & après elles les bonnes loix l'attirent & la fixent. C'est par cet unique attrait ; c'est par cette seule force que les différentes parties du globe se peuplent & dépeuplent tour à tour ; c'est ainsi que l'espece humaine invinciblement dirigée vers son bien-être, se transplante & parcourt successivement toute la surface de la terre. Elle s'arrête, elle se multiplie là où celle-ci est cultivée, & où les loix sont bienfaisantes ; elle fuit les lieux où cette harmonie cesse : on ne sauroit trop le dire, la race des hommes a sa racine dans le sol, pour ainsi parler, comme les diverses productions qui sortent de son sein. Veut-on y voir naître cette espece précieuse ? Que le travail y anime la terre ; que ce travail primitif y soit fortifié, étendu par celui des arts nécessaires aux différens besoins ? Si avec cela le Ciel est heureux, si les loix y sont douces, équitables, l'espece humaine couvrira ces terres fortunées, & y jetera des racines, que les plus longs siecles ne pourront pas détruire. En deux mots voici la grande vue, je crois, à proposer aux gouvernemens, la seule science qu'il y ait à étudier : subsistance pour l'être matériel, liberté & sûreté dans les loix pour l'être moral, c'est-là uniquement ce qui fait croître, prospérer & s'étendre par toute terre cette espece précieuse, l'homme, qui pendant sa courte durée veut vivre & sentir avec liberté sur le globe qu'il habite.

Il est d'autres possessions qui ne sont point dans le genre de celles dont nous venons de parler, & qui n'offrent aux États possesseurs que des postes servans au commerce, ou avantageux par leur situation & la force dont ils sont susceptibles. Dans cet ordre sont nos établissemens dans l'Inde, en Afrique, les isles de France & de Bourbon. Ces établissemens qui ne sont point dans la classe des Colonies, parce qu'ils n'entretiennent point avec nous un commerce respectif de productions, obtiennent alors l'attention des gouvernemens, à raison du service d'une autre nature auquel ils sont destinés.

Telles sont les différentes classes dans lesquelles on peut ranger tous ces établissemens lointains, qui sont séparés par de grandes distances du corps d'un État.

A l'aide de ce petit nombre de principes généraux que nous venons de poser, il est facile de découvrir les regles d'administration qui conviennent à ces mêmes possessions : exposons-les sommairement.

De ce que ces terres que nous appelons Colonies, sont séparées souvent par des intervalles immenses de la Patrie principale ; de ce que la sûreté de leur possession est autant en elles-mêmes, dans leur affection pour le lien qui les unit, que dans les forces qui les protegent ; de ce qu'elles servent uniquement par leur consommation à exciter la culture & les travaux de cette même Patrie ; enfin de ce qu'elles sont, par rapport à elle, de vraies manufactures pour ses besoins, dont les ouvriers à la fois cultivateurs & fabricateurs, vivent des produits & des fruits de l'État principal, on peut inférer clairement de ces divers points bien considérés les loix précises qui doivent les gouverner.

Sans entrer trop avant dans le détail de ces loix, qui ne sont point du plan de cet Ouvrage, on peut dire en général que, pour que ces Pays remplissent leur destination, ces mêmes loix doivent tendre à resserrer le lien de la Colonie avec la Métropole, parce que ce lien est autant un lien d'affection que de soumission. Elles doivent animer le commerce national à servir la Colonie de tous ses besoins, afin qu'elle puisse recevoir de lui tout son accroissement, & ne soit point tentée de recourir à des secours interlopes & préjudiciables. Ces mêmes loix doivent faire participer la Colonie, autant que faire se peut, aux honneurs, aux distinctions de l'État possesseur par la voie des mêmes services, en y appelant les Colons, afin de les incorporer à l'État, & de réunir dans un même tout des hommes ainsi que des pays placés à de si grandes distances. Dans l'esprit des mêmes principes, la Colonie ne doit guères porter que le tribut de sa propre dépense, non de la dépense générale de l'État à qui elle appartient, par la raison que la Colonie étant un lieu de consommation & de travail en faveur de la Métropole, imposer la Colonie, c'est diminuer d'autant ces deux effets, c'est détruire précisément ses fonctions & agir contre son institution. Celle-ci ne peut être parfaitement remplie que par un procédé tout opposé: alors réellement la prodigalité devient avarice, & la bienfaisance, recette pour un État. Plus il donne à sa Colonie, plus il en obtient; plus il la fait consommer; plus elle cultive. En un mot, pour parler toujours d'après notre premiere définition, celle-ci ne subsistant, ne travaillant que pour lui, doit être portée sans cesse vers ces deux fins, qui font son unique fonction. Toutes les loix qui gêneront sa culture & sa consommation seront donc défectueuses. Toutes celles qui augmenteront l'une &

l'autre, la Justice envers l'État principal étant observée, seront donc salutaires. Avec ces deux considérations, leur législation se trouve toute réglée, & il est satisfaisant d'envisager comment la nature de chaque objet bien connus, donne facilement la regle de sa gestion. On n'en dira pas davantage sur ce chapitre, qui exigeroit un travail exprès pour être approfondi avec une certaine étendue.

C'est à présent qu'on peut voir, à la lumiere de toutes ces réflexions, combien le système des Colonies se trouvoit lié à la belle législation de Colbert, qui ayant fondé la population & la grandeur de la France sur le double travail de la terre & des arts, devoit rechercher avec soin des possessions faites pour exciter si puissamment l'une & les autres. La puissance des Colonies, quand celles-ci sont bien administrées, est telle qu'elle peut porter au plus haut point l'activité d'un État, & lui faire parcourir par leur seule influence tout l'espace qui marque les différens termes de sa prospérité, en le conduisant par degrés au terme de la plus grande culture & de la plus grande consommation possible en lui-même & par lui-même, ce qui comprend sous ces mots la plus grande somme de travail dans un pays, c'est-à-dire, la plus grande richesse que les loix puissent lui procurer.

Il suffit, je crois, de cette ébauche générale des principales parties de ce vaste ministere, presque embrassées en entier par M. Colbert, pour offrir à l'esprit d'une maniere un peu sensible le tableau d'une administration si intéressante, dont les causes, comme les effets, restent presque toujours cachés aux yeux de la multitude.

Il me reste à parler de la place qu'a eu dans les plans de ce Ministre, l'institution des différens commerces dont il a enrichi ce Royaume, & la protection qu'il a accordée au commerce en général, en tant qu'il est l'Agent de la prospérité foncière d'un Royaume.

Ce dernier commerce dont nous parlerons d'abord, & qu'il faut bien distinguer ici des arts manufacturiers & productifs, ne crée point précisément, comme on l'a déjà observé, de valeurs dans un État. Il ne fait que les échanger, les déboucher, les communiquer, soit entre les Sujets d'une même domination, soit de Nation à Nation ; il est le lien de la société des hommes, à raison de la communication de leurs besoins respectifs. Ses fonds, ses travaux, ses lumieres, & jusqu'à la foi qu'il acquiert à son nom, sont consacrés à cet office honorable & nécessaire. D'une part, il sert le propriétaire & l'homme industrieux, en facilitant à l'un la vente de ses biens, à l'autre celle des fruits de son industrie. D'autre part, il va au-devant du consommateur & de l'acheteur, en assortissant, transportant, répandant devant lui toutes les richesses qui peuvent satisfaire ses différens désirs. Dans ses opérations il spécule sur-tout, pour tous les tems, pour tous les lieux. Il juge de tout, des rapports, des besoins, des valeurs, des transports, des risques, de la garde, du dépérissement des objets. Il connoît tout, les productions des différens États, ce qu'ils possedent de particulier, ce qui leur manque, leurs richesses foncieres & publiques, leurs mœurs, leurs traités & jusqu'à leurs loix. Il sait tout, les révolutions, les chertés, les disettes. Quelquefois il pénetre les secrets des cabinets, les desseins des Princes, prévoit les guerres prochaines & tous les grands événemens. Le vrai Négociant a sans cesse devant les yeux tous ces objets. Il les médite ; il les combine : telle est la science (servons-nous de ce terme) telle est la dignité du commerce, & telles sont ses fonctions. Sans la culture des terres & le travail des arts celui-ci n'agiroit pas ; l'une & l'autre lui

lui fournissent ses matériaux. Mais sans les fonctions officieuses du négoce, une partie des produits du travail des hommes resteroit sans débouché, périroit sur la terre, & bientôt ne seroit plus arrachée de son sein. C'est ce même commerce qui, en parcourant la terre, en pénétrant par-tout, en franchissant les espaces, surmontant les obstacles, unit toutes les Nations & les met en mouvement pour élever celle qui fournit le plus d'objets à ses fonctions de Ministre des besoins de l'Univers. Le commerce sert plus particulierement un Pays, & lui crée alors, à quelques égards, des valeurs, quand il lui ouvre de nouveaux débouchés; qu'il enseigne aux autres Peuples le goût de ses productions; qu'il lui apporte des matieres sur lesquelles son industrie opere, & qu'il se charge dans le cours de ses opérations de tous les transports & de tous les travaux que la négligence des autres Peuples lui abandonne. C'est alors que le commerce se met au-dessus de sa fonction d'agent & de spéculateur. Il devient en quelque sorte créateur de nouvelles richesses dans un État. Il les découvre ; il en enrichit son Pays : le grand Négociant porte jusques-là ses vues & y atteint quelquefois.

C'est donc avec beaucoup de raison que M. Colbert fit entrer dans son système, sur-tout par rapport à un Royaume situé comme la France (ce qu'il ne faut jamais perdre de vue) l'accroissement & la protection particuliere du négoce, & l'établissement de nombre de branches de commerce dont nous allons bientôt parler.

Comme c'est l'homme d'État qui dans les choses de pure administration, pose les principes & y applique les regles; de même dans les choses de grande exécution il ouvre les routes, donne les moyens & entame souvent avec les secours publics les opérations. Sa fonction est de présider à tout ; mais quand il le faut, il agit par lui-même ; il marche le premier dans la carriere ; les hommes actifs suivent & agissent d'après son exemple. C'est ainsi que les grands établissemens se forment, & que se créent de nouvelles richesses pour les Nations ; la découverte fut toujours le fruit de ce premier coup-d'œil du génie, & l'exécution l'œuvre de quelque grand courage.

On peut se rappeler comment Colbert a agi conséquemment à ces principes dans les établissemens sans nombre de cette nature, dont il a enrichi la France. Des quatre grands commerces qui occupent aujourd'hui l'activité de notre Nation, savoir, celui du Levant, celui du Nord, celui de l'Amérique, auquel on joindra celui de l'Afrique qui lui est auxiliaire, & celui de l'Inde, la France lui doit presque tout ce qu'elle possede dans ces différentes parties, sans parler de beaucoup de navigations subsidiaires, & particulierement de celle pour la pêche, occupation infiniment précieuse pour un Etat, puisqu'elle augmente ses subsistances & forme une sorte d'agriculture.

C'est un nouveau sujet d'étonnement quand on considere la suite magnifique des travaux que ce Ministre a exécutés dans la carriere dont nous parlons. Après avoir fondé dans le Royaume, toutes les branches d'industrie dont il pût être susceptible, il songea à en porter les fruits au-dehors, dans toutes les parties de l'Europe & jusque dans les contrées les plus éloignées. Ce sont en effet les ouvrages de nos manufactures & de nos arts multipliés, qui font en partie l'aliment de notre commerce dans l'Allemagne, dans le Nord, en Espagne, en Italie & dans le Levant. A ce concours de richesses nationales dont il fut le promoteur, il joignit toutes les dispositions particulieres, tous les réglemens intérieurs, tous les actes de droit public au-dehors, qui purent faire prospérer nos différens négoces.

C'est Colbert qui fit ériger Marseille en port franc : opération qui concentra dans cette Ville une partie des forces des autres Villes situées dans la Méditerranée. Animé des mêmes vues, il perfectionna & régla le commerce de cette mer dans les différentes échelles où il s'exécute. Les institutions faites à Marseille en faveur de ce commerce, ainsi que pour celui d'Afrique, furent son ouvrage ; il veilla au maintien de nos capitulations favorables à la Porte, qui d'abord nous avoient été uniquement propres, & sont devenues ensuite communes aux autres Nations.

On sait tout ce qu'il tenta pour que la France pût se saisir du commerce du Nord ; traités, réglemens, gratifications par tonneau pour tout vaisseau qui reviendroit de ces mers à pleine charge de goudron & de bois de construction ; rien ne fut oublié. Mais il fut traversé au-dedans par ses Coopérateurs mêmes, & au-dehors par les guerres & le contrepoids politique des autres Nations qui nous avoient prévenus dans ce dernier commerce.

Il eut le bonheur d'élever considérablement, & de donner une consistance à notre commerce pour la pêche. On sait qu'en 1681 il sortît du seul Port de Saint-Malo soixante-cinq navires destinés pour la seule pêche de la morue.

Enfin ce fut lui qui fonda parmi nous les Compagnies des Indes Orientales & Occidentales qui devoient occuper une si grande place dans le commerce général du monde, par l'étendue de leur institution, & dont nous parlerons dans cet écrit avec quelque détail, parce que cette partie, dans les travaux de M. Colbert, est infiniment importante, & que nos réflexions peuvent être applicables avec quelque fruit aux circonstances où l'on se trouve.

Il est à remarquer d'abord, que ce

Ministre traita presque tous les commerces par la voie du privilége. Celui de l'Amérique, celui de l'Afrique, celui de l'Inde reçurent cette forme; il n'y eut pas jusqu'à celui du Levant, qui ne participât de cette méthode, par les dispositions qui furent faites en faveur de la Chambre de Commerce de Marseille. A la naissance de ces commerces, lorsqu'il étoit question d'en jetter les fondemens, ce procédé étoit peut-être sage, peut-être même nécessaire. Mais ces différens négoces ont été affranchis peu-à-peu de ces liens qui étoient ceux de leur enfance, & ne pouvoient que gêner l'âge de leur force & de leur virilité. Celui de l'Amérique a rompu ses chaînes en partie, même du tems de Colbert. Celui de l'Afrique n'a quitté les siennes qu'après la perte de la plupart de nos possessions, & celui de l'Inde vient déposer un moment chez nous celles qu'il porte dans tous les Etats de l'Europe depuis un siecle, sans que l'on sache s'il doit les reprendre pour le bien même de ce commerce, ou les abandonner pour toujours : grande question que l'essai qu'on vient de faire de la liberté, ne peut pas encore décider parfaitement par la maniere dont cet essai a eu lieu, parce que d'une part, les succès des opérations des particuliers sont fort partagés, & que leur continuation peut être incertaine, tandis que de l'autre, le commerce particulier n'a pas laissé que de montrer & montre encore un très-grand mouvement au milieu du discrédit qu'il a toujours eu dans l'opinion générale, & nonobstant l'état présent de l'Inde fort peu favorable à ses entreprises : ce qui nous fait dire par conséquent que cette grande question, vu la maniere dont on a fait cet essai important, ne peut être suffisamment décidée par le fait de l'expérience, seul juge non-récusable entre des opinions si diverses & beaucoup trop animées par l'intérêt particulier, pour permettre un jugement impartial. Cependant le Gouvernement peut se faire présenter un état comparatif des tonneaux d'exportation & d'importation dans les tems du privilége & dans ceux de la liberté, pour juger d'abord si le service du Royaume a été fait avec plus ou moins d'avantage dans l'un ou l'autre procédé; & sans rien accorder à la prévention en cette matiere fort facile à adopter pour ou contre, il pourra peut-être, considération faite de toutes les circonstances, se former des idées sur le succès qu'on peut attendre de cet essai que les conjonctures des tems ont rendu nécessaire.

L'Auteur de l'éloge qui fixa les suffrages de l'Académie l'année derniere, donne des regrets à la perte de cette Compagnie, long-tems, dit-il, l'objet de notre attachement. Il n'a pas répandu, comme il l'auroit pu, dans les notes qui ont accompagné son discours, plus de jour sur cette reflexion.

Pour obéir à ce que vous avez desiré, j'approfondirai moi même cette matiere qui a occasionné, ces dernieres années, tant de discussions parmi-nous. Je me suis livré à des recherches un peu particulieres à ce sujet, parce qu'elles m'ont paru pouvoir être utiles dans la position où l'on est d'avoir à choisir entre deux partis dans une affaire de cette conséquence : affaire qui nous importe peut-être par un endroit encore plus essentiel que celui du commerce, quoique ce dernier soit fort intéressant pour la France.

Je crois inutile de répéter ici, & on le verra assez, à ce que j'espere, par tout cet écrit, que je n'épouse sur quelque sujet que ce soit aucun esprit particulier, s'il en existe. Je ne produis ici devant vous, Monsieur, mes opinions qu'autant que l'idée du bien que j'envisage seul me les inspire, & ne cherche dans les différens objets de gouvernement que je parcours, que la liaison qu'ils peuvent avoir avec le système de Colbert, dont je me suis fait un plaisir patriotique d'examiner tous les avantages par rapport à ce Royaume.

La protestation de mes sentimens étant faite de nouveau, je vais m'expliquer avec encore plus de confiance sur les opérations de M. Colbert, relativement à nos différens commerces, en raisonnant toujours d'après son système. C'est lui qui me fournira toutes les réflexions que je pourrai produire contre lui-même, si je suis dans ce cas.

D'abord, je pense que ce Ministre fit mal de vouloir faire occuper à la France, par l'établissement de la Compagnie des Indes Occidentales, une partie aussi vaste du continent de l'Amérique, les terres de celles-ci étant à-peu-près semblables aux nôtres, & de plus très-étendues & presque désertes. Ce succès étoit au-dessus de nos forces naturelles; & dans le cas où leur occupation eût prospéré, elle n'auroit pu, à la longue, qu'entraîner la dépopulation de l'État fondateur, si on excepte toutefois le Canada & l'Acadie, soit à cause des établissemens que ces pays offroient pour la pêche, objet en soi de la plus grande importance, soit parce que leur possession servoit de plus d'une maniere à la conservation de nos Isles du vent & sous le vent, qui sont réellement de précieuses Colonies, dont la possession est absolument dans le système de prospérité d'un grand État, dont le territoire est fort riche. M. Colbert fit donc mal d'embrasser un projet aussi étendu, dont le succès même n'eût pas été durable, ainsi qu'une Puissance voisine le vérifiera de plus en plus. Il erra, sur-tout, en croyant pouvoir en confier l'exécution à une Compagnie. Une Société de cette nature peut bien fonder un comptoir, un poste de commerce ; mais il est au-dessus de ses forces, de fertiliser, de peupler de vastes Domaines. La fondation du territoire passe de beaucoup la puissance trop bornée des Compagnies : les succès de celle d'Angleterre dans l'Inde, ne détruisent point, comme on le verra, cette vérité. Cette Compagnie en soumettant dans ces Contrées des Pays étendus, par une voie de conquête bien singuliere, est venue à bout en effet de dominer ; mais elle n'a rien peuplé ; elle n'a point eu de pays à mettre en valeur comme il eût été indispensable de le faire dans les terres inhabitées de la Louisiane ; ce qui confirme au lieu de détruire ce que je viens d'avancer. Il n'y a donc que les grands États qui puissent se livrer eux-mêmes à de pareilles entreprises ; & quand ils sont assez peu sages pour les adopter, ils dissipent en vain leurs forces & ne font autre chose que dépeupler leur territoire, pour couvrir des terres nouvellement occupées. En un mot ils transportent par cette voie, précisément leur population, en lui indiquant les lieux où elle pourra se fixer avec plus d'avantages & de félicité.

D'après cela on sent aisément tout ce qui devoit arriver. La Compagnie des Indes qui ne fit rien pour son privilége d'Occident, du vivant de M. Colbert, l'exploita vainement après sa mort, & tomba bientôt sans avoir produit aucun fruit. Celle pour les Indes Orientales resta seule sur la scène, se saisit des débris du premier octroi, en conservant encore un exclusif dans nos Isles de l'Amérique & en Afrique pour la fourniture des Noirs. Cette Compagnie, avec des *interim* un peu longs, qui suspendirent son exercice & des alternatives de succès & de pertes dans ses opérations, s'est maintenue à-peu-près en la même forme jusqu'à nos jours, partie avec le secours de l'État, partie avec les fonds des Intéressés. Elle eût péri rapidement comme l'autre si elle avoit eu des possessions étendues & lointaines à faire valoir ; mais n'ayant que le simple commerce & un commerce neuf & productif à exercer dans un continent tout peuplé, extrêmement riche en tout sens, n'ayant que des Comptoirs à fréquenter, & des dépenses de négoce & de pur service public à faire (car elle a été nombre d'années fidelle à son institution avant d'être portée hors de sa sphere par des plans étrangers à son objet): cette Compagnie, dis-je, par toutes ces raisons a pu soutenir plus long-tems les fonctions de son trafic: ce qui est arrivé, jusqu'à ce qu'enfin elle a dénaturé son régime commerçant dans l'Inde; que son négoce lui-même s'est ensuite altéré par les différentes révolutions, & qu'elle a vu en dernier lieu sa marche s'arrêter forcément par des causes qu'il eût été facile d'appercevoir dans des tems déjà un peu avancés.

En jugeant à présent du commerce de l'Inde, relativement au systême d'administration de M. Colbert, on croit pouvoir dire en général que son établissement n'étoit du tout point dans les bons principes suivis par ce Ministre. En effet, un commerce de pur achat, qui ne devoit procurer en grande partie que des superfluités, qui blessoit de bien des manieres nos arts nationaux, qui débouchoit très-peu de nos denrées & de matieres de notre industrie, se trouvoit diamétralement opposé aux vues qu'il avoit constamment suivies. Aussi ne faudroit-il point le louer d'avoir fait cet établissement, s'il n'eût été entraîné à ce parti par le mouvement général de l'Europe, lorsque diverses Nations, après la découverte du Cap, s'étant livrées à ce commerce, eurent apporté parmi nous le goût de ces marchandises uniques sur la terre, par la qualité des matieres & par l'art du travail qui y éclate. Il étoit impossible, comme on sent, que ces raretés se répandant de plus en plus, n'étonnassent d'abord nos contrées, & n'excitassent ensuite les recherches des Nations

Nations riches & civilisées, & parmi elles, sur-tout, d'un Peuple aussi délicat que celui de la France, d'un Peuple qui, déjà supérieur en Europe, en général, à ses rivaux, alloit trouver des émules de ses arts, qu'il surpasseroit à la vérité en bien des choses, mais dont il seroit surpassé à son tour dans beaucoup de branches d'industrie.

On voit donc que ce commerce une fois connu, il devenoit impossible aux Nations opulentes de l'Europe de renoncer à son usage. Il falloit dès-lors ou s'aller pourvoir de ces nouveaux besoins à la source, ou se résoudre à les acheter dans nos contrées des Peuples les plus actifs & les plus diligens.

M. Colbert sentit cette nécessité : il vit que l'habitude de ces besoins alloit inévitablement se contracter, & conclut sagement qu'il falloit éviter d'en payer le tribut, sur-tout aux concurrens de notre prospérité. Voilà aussi ce qui fait avec raison l'éloge de son institution.

O

En conséquence il fit embrasser à son pays ce commerce comme un commerce d'économie. La grandeur qu'il donna à cet établissement, l'appareil qu'il y mit, les faveurs, les priviléges, les prérogatives même d'autorité dont il l'accompagna, furent sans doute nécessaires à une premiere institution.

A l'exemple des autres États, il choisit pour l'exploitation de ce commerce la forme d'une Compagnie privilégiée ; mais pour corriger cet exclusif, à l'aide des actions qui formerent un titre de propriété négociable, il composa une Compagnie nationale. Tout invitoit à croire que la nature de ce commerce exigeoit cette méthode ; l'opinion la plus générale est encore la même sur ce point ; les raisons en sont certainement très-fortes. Un commerce économique, un commerce de pur achat & même de fabrication sur les lieux ; qui doit éviter la concurrence entre les

Agens d'une même Nation, dès que celle des Nations entre elles est inévitable; qui est dans le cas de porter dans des contrées éloignées de grands capitaux, de les y déposer souvent à l'avance; qui a des opérations infiniment combinées à diriger, des tems réglés à choisir pour ses départs, ses relâches & ses retours; qui, chargée de plus par son institution d'une partie de l'autorité publique, se trouve dans le cas de mêler à sa direction mercantile une administration politique, militaire & civile, exige, ce semble, une institution qui y soit analogue. Pour mettre en mouvement & en accord tant de choses, il faut peut-être réunir, comme dans un centre, toutes les forces & les facultés des Sujets d'un État. Il faut peut-être une action unique & un seul conseil pour diriger un octroi de cette importance, & conduire sur un même plan les opérations d'un négoce combinées avec les actes du pouvoir : voilà ce qui se présente à dire en faveur du privilége.

La seule forme d'une Compagnie exclusive offroit tous ces avantages. Ce plan se trouvoit adopté par toutes les Nations qui nous avoient précédés dans cette carriere : Colbert imita leur exemple. La Compagnie qu'il forma à cet effet avec le plus grand soin, tour à tour dérangée & renaissante, a eu la durée des grands établissemens. Elle a suspendu enfin l'exercice de son privilége, non pour abandonner ce commerce en lui-même, mais pour le remettre aux mains de la liberté, qui n'a pas craint de s'en charger contre l'expérience de toutes les Nations & celle d'un siecle entier.

Il n'est pas superflu de parler dans ce moment-ci des véritables causes qui ont opéré cette cessation, qui a excité, ces dernieres années, beaucoup de réflexions parmi nous. Le tems qui manifeste peu à peu le fond des choses, montre aujourd'hui assez clairement que cette cessation a été un parti forcé, & visiblement un parti de salut dans les circonstances où il a été embrassé, parce que la ruine entiere des Intéressés eût été la suite inévitable de la prolongation de ce commerce dans l'État où il se trouvoit, si l'on ne fût venu à bout de changer aussi-tôt & absolument son régime.

La vérité se montre enfin, quand le feu des disputes & l'agitation des passions qui s'y mêlent toujours, a cessé. Les hommes attentifs voient à présent avec évidence que la Compagnie écouta plus son zele que ses intérêts, ou, si l'on veut, ses moyens, lorsqu'en Août 1764, après les malheurs de la derniere guerre, elle crut pouvoir reprendre l'exercice de son privilége sur les bases & plans de spéculations qui lui furent proposés dans un Mémoire dressé par ses Députés, lequel Mémoire fixa alors ses déterminations. Quand on rapproche tous les écrits & les états à l'appui qui ont été produits dans le tems, on voit que la Compagnie fut mal informée en 1764 de l'actif & du passif de sa situation ; qu'elle connut mal l'état du commerce qu'elle alloit reprendre : commerce qui avoit subi de très-grands changemens, soit dans sa nature, soit dans ses produits, soit dans ses frais publics & particuliers. En un mot, on voit que les positions de ce Mémoire, quoique fait de très-bonne foi, & certainement avec zele, se trouverent inexactes dans presque toutes les parties.

Quand on considere les choses encore de près, on reconnoît en outre que l'Edit d'Août 1764, qui forma sa nouvelle constitution, fut au fond bien plutôt une dissolution qu'un renouvellement de société, attendu la distraction que les Actionnaires firent d'une partie de leur bien pour former une rente fixe à l'action non sujette aux événemens du négoce, de sorte que la Compagnie s'engagea derechef dans ce commerce, sans avoir pour sa parfaite exploitation, un fonds capital suffisant & même certain, lequel fonds se trouva considérablement diminué, parce qu'elle acquitta en especes, sans doute avec justice, des dettes pour plus d'un tiers au-delà du devis que le mémoire de spéculation lui avoit annoncé pouvoir être acquittées en contrats. Ainsi la Compagnie en réservant cette portion de son bien à sa propriété, l'ôta aux devoirs de son octroi, ce qui en fit une association purement chimérique; mais aussi cette même distraction s'est trouvée par l'événement fort heureuse, puisque, si la marche du commerce n'eût point été arrêtée par cette barriere posée en faveur de la propriété, sa fortune se fut rapidement & entiérement dissipée dans un négoce dont on ignoroit les désastres.

Le tableau de cette ruine est absolument frappant, par le seul rapprochement du mémoire de spéculations qui fixa la reprise du commerce en 1764, avec celui de la vérification faite de l'état de la Compagnie en 1769, après six années d'expéditions.

Dans ce premier mémoire qui décida l'engagement des Actionnaires, on fixa la liquidation des dettes à la charge de la Compagnie à 60 millions, dont celles à acquitter en especes formoient un objet de 24 millions, & après avoir balancé l'État qu'on dressa pour lors de la situation de la Compagnie en actif & passif, on présenta aux Intéressés, au moyen des secours en argent qui seroient fournis par eux graduellement, & qui ont été outre-passés, pour résultat un fonds réel & circulant de 30 millions au bout de huit années de commerce, toutes les dettes généralement acquittées. En même tems pour leur donner une idée juste du commerce qu'ils alloient reprendre, de ses charges, de ses produits, les rédacteurs de ce mémoire mirent sous leurs yeux un plan hypothétique d'expédition, que l'on supposa devoir donner en retour une vente de 17 millions. On arbitra le bénéfice des marchandises d'envoi dans l'Inde, ou d'exportation à 25 pour cent, & celles de retour ou d'importation à cent pour cent les unes dans les autres, & tous les frais généralement publics & particuliers de ce commerce à 4 millions; ensuite dans l'hypothese d'une telle expédition, & formant le calcul de toutes les parties qui composoient sa mise générale & sa rentrée, on trouva qu'en établissant les ventes à 17 millions, le bénéfice d'exportation & d'importation sur le pied ci-dessus énoncé, & les frais au taux désigné, ce commerce dans les bornes d'une vente annuelle de 17 millions, ne feroit que rapporter à l'Actionnaire l'intérêt de ses fonds. D'après ce calcul, on ne put envisager dans le commerce futur qu'alloit exercer la Compagnie, d'autre bénéfice, que celui qui résulteroit de l'élévation des ventes à un taux annuel de 24 millions, & tout à la fois, d la diminution considérable qu'on se promettoit de faire dans ses frais publics & particuliers, & dans ses dépenses de toute espece.

Ce tableau de situation & ce plan de commerce qui firent la base de ce mémoire, instruisirent, comme on voit, les Actionnaires (autant que cela se put sans doute) de l'État de leur fortune, & servit à régler leurs espérances sur leur négoce à venir.

Pour juger à présent si ce tableau de reprise de commerce a été fautif, & jusqu'à quel point il a pu l'être, il n'y a qu'à lire les pieces mêmes du procès, la vérification faite en 1769 de la situation de la Compagnie par les Actionnaires eux-mêmes, car le grand nombre de leurs représentans qui y intervinrent, fait que ce travail doit être regardé comme le leur propre, nul examen en aucun tems, n'ayant été plus général. Cette vérification décide incontestablement la question. Or, cette partie de travail, avec les pieces qui l'accompagnent, nous apprend que les ventes de la Compagnie, l'une dans l'autre, ne se sont pas élevées à 17 millions depuis 1764, que les bénéfices d'exportation, tout considéré, n'ont pas été au-dessus de 25 pour cent, ce qui même a été contesté, ainsi qu'il paroît par les mémoires produits lors de cette vérification ; que ceux d'importation ou retour ne se sont pas montés l'un dans l'autre à 65 pour cent, au lieu de cent pour cent, à quoi on les avoit évalués, & que les frais annuels, généraux & particuliers, fixés dans le mémoire spéculatif à 4 millions, ont excédé 8 millions par année.

Si ce calcul attesté par des états revêtus de toutes les signatures, exige créance, celui des pertes faites par la Compagnie dans les six années de son commerce se fait d'un coup de plume ;

& dès-lors cette affaire qui a causé tant de bruit, est toute éclaircie par la reconnoissance la plus expresse de la part des Intéressés, qui ont déposé dans ces mêmes états de leur situation auprès du gouvernement, sans qu'il y ait eu d'autre réclamation contre le positif de ces états, qu'en moins pour ce qui concerne les différens bénéfices, & en plus pour les frais de la part de quelques membres de cette vérification, lesquels se sont abstenus pour cette raison d'apposer leur signature à ces résultats, qu'ils ont jugé encore éloignés de la vérité.

Ces deux pieces, dont l'une ouvre & l'autre ferme la carriere parcourue par la Compagnie pendant son dernier exercice, qui nous sont fournies par les Actionnaires eux-mêmes, délibérant dans une premiere époque sur la reprise de leur négoce, sur la foi d'un plan de spéculation à eux présenté par leurs députés & par eux adopté, &, dans une seconde époque, examinant & recherchant les vrais résultats de leur derniere association, nous fournit une preuve hors de tout doute des pertes considérables qu'ils ont souffertes. Quatre ou cinq millions en augmentation de frais généraux, deux millions au moins en diminution du bénéfice spéculé, ont dû former une perte annuelle de six à sept millions, & de trente millions & plus dans les six années de ses expéditions: perte énorme, insupportable, qui amenoit rapidement sa destruction, & que les opérations de crédit & d'emprunt dont elle avoit cru pouvoir user dès 1766 ou 1767, ne pouvoit qu'accélérer de la maniere la plus fâcheuse. Il paroît aujourd'hui inconcevable que ces deux pieces, dont l'une sur la foi de laquelle la Compagnie avoit en 1764 pris un aussi grand engagement, & l'autre contenant l'examen de son état fait en 1769 par ordre du gouvernement, n'ayent point été rapprochées & représentées lors de ce travail. Elles eussent fait cesse indubitablement toute dispute; & sans laisser perdre un tems précieux dans de plus longues discussions sur un point de fait malheureusement trop constant, elles eussent porté cette société intéressante dans l'État, de même que le gouvernement pours lors occupé d'elle, à chercher les vrais remedes à sa situation, s'il en étoit d'efficaces qu'on pût employer pour le maintien & le meilleur succès de ses affaires.

En effet, on ne pouvoit pas conclure précisément de ce que ce commerce se trouvoit constitué dans de grandes pertes, que la suspension de son exercice, & plus encore le changement de méthode dans son exploitation, fût un parti conséquent à embrasser. La novation dans un procédé, suivi depuis un siecle dans toute l'Europe, étoit réellement un grand pas. Elle pouvoit même exposer le sort principal de la chose. Ainsi la droite raison indiquoit peut-être qu'il falloit tout tenter pour conserver un établissement consacré par le tems & par les plus fortes considérations, d'autant plus que la suspension de cette Compagnie pouvoit équivaloir avec le tems à sa suppression absolue, s'il arrivoit que le parti n'eût pas été sagement pris.

En même tems pour être équitable, on doit convenir que rien n'étoit au fond plus difficile, que de faire marcher du même pas ces trois choses-ci, le soutien de la Compagnie, les secours effectifs & exorbitans dont elle avoit besoin, & la régénération que demandoit absolument son dérangement. Ce dernier point devoit rencontrer les plus grands obstacles. Il exigeoit aussi nécessairement du tems, tandis que les secours à donner étoient instans, abondans & peut-être beaucoup plus considérables qu'on ne les croyoit. Une entreprise de cette nature avoit de toute façon les plus grandes difficultés. Sa tentative même pouvoit être fort périlleuse, parce que le remede nécessaire aux affaires de la Compagnie devenant tardif ou insuffisant, il pouvoit très-bien arriver que l'État se trouvât surchargé de ses engagemens, & que cette même Compagnie ne fût point sauvée. Il y avoit dans tout cela plus que de la vraisemblance : une erreur aussi considérable que celle qui existoit dans l'état de situation de cette Compagnie, ne pouvoit pas aisément se réparer dans la position alors gênée des affaires générales. En supposant même ces secours faciles & assurés, comme il ne suffisoit pas de pourvoir aux besoins & qu'il falloit encore obvier aux pertes habituelles de cette manutention, on doit juger combien il étoit mal-aisé de corriger une constitution de commerce qui altéroit chaque année si considérablement ses capitaux, sans pourtant abandonner ce commerce, & de faire cette réforme habile au milieu de la marche rapide, dispendieuse d'un vaste négoce dont les extrêmes sont à six mille lieues, & dont tous les actes de régie embrassent un période de tems de dix-huit mois, quand ils sont exécutés fidelement & à la lettre, & un espace de trois ans s'ils éprouvent la moindre inexécution. Voilà à mon avis, ce qui pouvoit faire le grand point de la difficulté. On n'a jamais assez considéré les inconvéniens attachés à ces grandes Compagnies, qui operent à des distances si considérables. Ces sortes de régies seront toujours désespérantes & fort laborieuses, soit à établir, soit à régler en raison de ce grand & terrible obstacle qui se rencontrera dans toutes les opérations : aussi exigent-elles les principes comme les ressorts les plus fermes & une maniere d'administrer toute particuliere ; aussi ces mêmes régies toutes bonnes ou toutes mauvaises par leur premiere institution, entraînent-elles dans leur mouvement & le fort du propriétaire qui s'y trouve attaché, & les Administrateurs eux-mêmes qui font au timon des affaires, fans que le retour au bien, en cas de défordre, foit poffible par les ordres particuliers de la régie, quelque fages & quelque fermes qu'ils puiffent être. Peut-être dans ce cas eft-ce une nouvelle refonte qu'il faut, parce que c'eft le premier mouvement qu'imprime une bonne conftitution, & qu'une foigneufe geftion entretient, qui font feuls la deftinée de ces fortes d'établiffemens? Sans cela le cours ordinaire d'une direction n'a plus que de vains ordres à prodiguer. L'efprit eft formé par-tout; le mal a pris au loin des racines. Alors, encore un coup, un corps d'adminiftration, malgré tout fon zele, ne peut rien ou prefque rien, fi la légiflation qui a inftitué n'a pas paré par de bonnes loix à la naiffance de ces abus fans nombre qui minent & mineront toutes les Compagnies de ce genre. L'éloignement des lieux & l'intervalle des tems les fortifieront toujours jusqu'à l'impunité. On pourroit répandre les plus grandes lumieres sur ces vérités ; mais c'est en dire assez pour faire comprendre que la régénération & le soutien de la Compagnie étoient deux choses extrêmement difficiles à faire concourir ensemble, sur-tout dans la circonstance des affaires publiques où l'événement dont il s'agit a eu lieu. Ce soutien devenoit d'autant plus mal-aisé, qu'il paroît que l'état au vrai de la Compagnie ne fut connu que tard, & qu'après que ses députés se trouverent réunis au corps de ses Administrateurs ordinaires. Ces derniers entraînés par les soins nombreux d'une liquidation & la reprise d'un commerce si étendu, n'avoient pas eu sans doute des momens libres, durant leur régie, pour pénétrer à fond dans cette situation qui se dénaturoit d'ailleurs loin de leurs yeux.

 L'erreur où ils étoient à cet égard

se voit encore par le compte public que cette même administration rendit en son nom seul aux intéressés en Mars 1769, par lequel elle annonça qu'avec un secours de vingt-deux millions, la Compagnie pourroit acquitter toutes ses dettes, continuer ses opérations & avoir, par ce seul secours une fois donné, un fonds réel de trente millions circulant dans son négoce, après quoi elle ne seroit plus dans le cas de recourir à aucun nouvel emprunt à l'avenir.

Cette annonce étoit positive : cependant quelques mois après, les mêmes Administrateurs assemblés par ordre du Gouvernement & par le vœu des Actionnaires avec les Députés de ces derniers, examen fait, reconnurent & déclarerent à l'État & à leurs Commettans, que la Compagnie avoit besoin d'environ trente millions pour acquitter les seules dettes exigibles (cette somme n'a pas même, dit-on, suffi), & qu'il lui falloit autres trente millions au moins, en fonds capital & permanent, pour soutenir avec avantage l'exercice de son privilége.

Deux rapports si différens entr'eux dans l'intervalle de peu de mois; l'examen public si prodigieusement distant de l'examen privé, en un mot une différence de quarante millions entre ces deux résultats frappent d'un véritable étonnement, & jettent aujourd'hui aux yeux des personnes attentives un jour absolu sur l'état infiniment dérangé où se trouvoit la Compagnie, lorsqu'en 1770 elle s'est déterminée, ou plutôt a été forcée de suspendre son commerce. On n'a besoin que de ces quatre pieces pour acquérir la plus grande lumiere sur le fond de la dispute qui a regné au sujet de l'état réel de cette Compagnie; mais elles nous prouvent en même tems ce que nous venons déjà d'exposer, que dans ces sortes de régies on marche souvent sur des précipices sans s'en douter; que ce n'est que par une parfaite inſtitution, non connue encore, ſur le fait des grandes Compagnies, & non par le choix ſeul des hommes, quelque parfaits qu'ils puiſſent être, que ces établiſſemens peuvent ſe former & ſe ſoutenir.

En effet, ſans vouloir affoiblir les ſervices réels des adminiſtrations anciennes, on a loué, avec raiſon dans le Public, celle qui a gouverné la Compagnie depuis la repriſe de ſon commerce. Les Hommes principaux & diſtingués qui l'animoient, étoient faits pour répondre des plus grands ſuccès. Ses travaux infinis, ſon zele ont obtenu à juſte titre le ſuffrage général; cependant ces lumieres & tous ces ſervices ont exiſté avec une erreur de cette conſéquence ſur l'état au vrai de l'objet adminiſtré. Tout cela ne pourroit jamais s'expliquer pour qui ne connoîtroit pas l'organiſation infiniment vicieuſe de toutes les Compagnies de ce genre. L'état de celles-ci n'eſt jamais connu, ni ſenti continuement, comme devroit l'être celui de toute Société qui commerce. Ce n'est que par la révolution de nombre d'années qu'on obtient des résultats sur ses opérations, souvent encore d'une maniere fort imparfaite. Nulle d'elles que l'on sache n'est parvenue à établir une comptabilité revêtue d'une regle sûre : vice radical, vice essentiel, d'où doivent dériver tous les désordres. Plus la sphere de ces Compagnies est étendue par la portée de leur commerce, plus les lieux où il s'exerce sont éloignés ; plus ces inconvéniens ont de force, sur-tout selon la forme qu'elles ont reçue, au moyen de laquelle elles associent aux fonctions du commerce celles de l'autorité; ce qui favorise prodigieusement la confusion d'emploi pour les objets de dépense, & jette une obscurité sur leur situation, qui les conduit presque toutes à leur ruine, sous l'apparence de la prospérité. Sans parler de nombre d'autres défauts attachés à ces établissemens, les livres, ce témoin de tous les momens que devroit avoir sans cesse sous les yeux toute Société, & principalement une Société de commerce maritime, qui joue un jeu combiné de hasards continuels & de spéculations de prudence, forment la partie la plus défectueuse de toutes ces associations, quoiqu'elle en soit la plus nécessaire. Ils n'arrivent communément que cinq ou six ans après le tems où se sont passées les opérations dont ils déposent, de sorte que le souvenir des objets étant couvert par le laps de tems, il ne s'offre plus de regle pour les juger & que le revers est complet avant que l'on connoisse si le mal est considérable. Au moyen de cet abus destructif de toute sûreté, les grandes Compagnies ne commercent qu'au milieu des approximations & des à-peu-près. Faute de regles sûres, les Administrateurs les plus attentifs flottent au milieu de ces incertitudes, & craignent autant de nuire au crédit du Corps qu'ils gerent par un jugement hasardé, qu'ils peuvent redouter de l'induire en erreur par une trop grande confiance. Voilà ce qui a occasionné ces idées de confiance sur l'état de notre Compagnie, qui n'ont cessé que par degrés & qui sont peut-être encore mêlées d'incertitudes sur ses arrêtés définitifs, sans qu'on puisse douter cependant de la réalité de ses pertes, plutôt plus que moins considérables, soit qu'elles proviennent de son commerce, soit qu'elles partent de la surcharge de ses dépenses publiques qu'on a nommées dans le tems dépenses de souveraineté. Voilà enfin la grande source des ténebres dans lesquelles marchent aujourd'hui toutes les Compagnies existantes : elles périront toutes, si l'on ne trouve un moyen pour leur donner de meilleures loix sur beaucoup de points, & leur former, sur-tout, d'une maniere solide, ces premieres bases, sur lesquelles posent toutes les

Sociétés commerçantes, & sans lesquelles elles ne peuvent plus être regardées que comme un jeu périlleux & même criminel.

En voilà assez sur le positif des affaires de notre Compagnie, que j'ai cru devoir rechercher & expliquer avec quelque détail, afin de constater pour les tems à venir, si cet écrit a quelque durée, les véritables causes qui ont arrêté l'action d'un établissement séculaire fondé par Colbert. Le respect qui est dû aux œuvres de ce grand homme, exigeoit un témoignage contemporain, qui justifiât envers sa mémoire les changemens que les tems où les hommes ont apportés à ses ouvrages. On regrette que l'Auteur de son éloge, instruit de ses matieres & ami du vrai, comme on le croit, n'ait pas consacré une note dans son Ouvrage, pour fixer les idées sur le véritable état de ce commerce, lorsqu'il a été suspendu. Un autre Auteur estimable qui a traité des affaires de l'Inde, dans un Ouvrage plein de savoir & de lumieres, a été aussi dans le cas d'en donner des notions imparfaites, faute d'avoir vérifié les sources dans lesquelles il a puisé ce qu'il en a écrit.

Mais passons sur tous ces faits de détail surérogatoires à notre sujet, & reportons-nous aux grandes considérations relatives à ce commerce, qui touchent au but que nous nous sommes proposé dans cet écrit.

Que la Compagnie en 1764 ait fait une association peu solide ; qu'elle ait repris son commerce sur un plan de spéculations qui a été fautif ou qu'elle n'a pas pu remplir ; qu'elle ait exercé depuis cette époque un commerce ruineux, malgré la sollicitude de son administration, & par l'effet du vice propre à toutes ces gestions ; que, lorsqu'elle a suspendu l'exercice de son commerce, elle se soit trouvée surchargée d'un poids de dettes considérable, que les frais excessifs & les pertes annuelles de son commerce grossissoient d'une maniere périlleuse pour la fortune des Intéressés ; ce sont des faits qu'on peut regarder comme les causes, à la vérité prochaines & du moment, qui ont décidé la suspension de ses opérations ; mais ces causes, quoique très-réelles, partoient elles-mêmes de plus loin, & de faits bien supérieurs à ces causes secondaires qui suivent inévitablement ces causes majeures, principales qui dérivent de l'état des choses : c'est ce dernier examen qui appartient particulierement à l'objet de ce travail.

Les causes dont on veut parler sont, que le commerce de l'Inde n'étoit déjà plus, depuis nombre d'années, le commerce du tems de M. Colbert. Lors de son institution, & quand ce Ministre songea à y adonner sa Nation, il n'étoit pas, comme nous l'avons dit, de la meilleure nature, eu égard à l'utilité qu'en pouvoient retirer les États qui l'avoient embrassé pour la prospérité de leurs terres & de leurs arts; mais depuis il s'est considérablement altéré en lui-même, & principalement pour nous, par une suite des événemens de la derniere guerre.

Dans le principe, les Nations de l'Europe se disputerent à l'envi ce trafic, qui étoit effectivement d'un riche produit. La richesse de ce commerce sur les lieux, le rôle qu'y prirent les Compagnies constituées à la fois commerçantes & souveraines dans leurs districts, les attributions qu'elles avoient reçues à cet effet en Europe, firent naître malheureusement chez elles, avec l'ambition de la fortune, celle de la puissance. Bientôt elles se mêlerent entiérement aux affaires de la presqu'isle de l'Inde, soit parce que la constitution qu'on leur avoit donnée, peut-être nécessaire à bien des égards, tendoit à les jeter dans cet écart, soit parce qu'elles y furent entraînées, même pour le soutien de leur commerce, par la nature des gouvernemens Indiens. Quoi qu'il en soit, il arriva un moment où l'esprit purement commerçant, fit place à un autre système. Le chef de l'une de ces Compagnies dans l'Inde, M. Dupleix, au milieu des mouvemens politiques qui agitoient cette partie de l'Inde, mouvemens auxquels les Compagnies avoient déjà commencé à prendre part, osa concevoir le magnifique projet d'établir sa Nation puissance Asiatique. Les notions qui nous restent de ce qui se passa dans ces tems-là, nous font voir que la Compagnie de France, incertaine dans ses partis, ratifia les projets de ce Commandant, par la part qu'elle parut prendre à ses premiers succès, sans vouloir toutefois adopter formellement ses résolutions, c'est-à-dire, que par une contradiction inconcevable dans un corps qui ordonne, elle voulut bien des avantages, & ne prétendit pas s'exposer au sort des évenemens contraires. Quand on suit de près la conduite de ce gouverneur & de ses commettans, on croiroit presque que l'étendue des projets du premier leur auroit échappé. Il est vrai qu'il leur voila long-tems sa marche, & que continuant de les engager degré par degré dans ses vues politiques, il se fit bientôt le centre de cette même Compagnie; de sorte qu'on peut dire que son Conseil, pendant nombre d'années, ne fut point à Paris, mais à Pondichéry.

Ce rôle dangereux fut enfin reconnu. Il parut urgent de rappeller un Gouverneur de Compagnie commerçante, qui faisoit prendre à sa Nation des engagemens si étendus, qu'on jugeoit opposés au véritable esprit de commerce. M. Dupleix lui-même, déjà élevé par ses succès & des honneurs extraordinaires, parut un personnage trop considérable. Il fut relevé par un homme sage, sévere, qui suivit ses ordres, & que M. Dupleix, inspiré par sa douleur, regarda peut-être trop facilement comme son ennemi personnel. Ce rappel toutefois fut en soi une faute réelle, & la cause peut-être de tous les événemens qui ont suivi. En effet, il eût fallu avoir empêché par de bonnes instructions que de pareils projets fussent jamais conçus, ou lorsqu'ils s'étoient manifestés, les avoir étouffés à leur naissance & au premier signe; mais ces mêmes projets une fois mis à exécution, déjà même avancés pour le succès, leur auteur révéré dans l'Inde & craint des Nations concurrentes, étoit évidemment un homme nécessaire, soit pour les conduire à bien avec avantage par préférence à tout autre, soit même pour les abandonner sans danger.

Il y a plus : si dès cette époque l'état de l'Inde, si une certaine marche irrésistible qui entraîne tous les Peuples vers ce qu'ils pensent devoir faire leur aggrandissement; si diverses causes enfin déterminoient les Nations Européennes dans ces contrées à embrasser

le

le systême des possessions territoriales, ne pourroit-on pas dire avec raison que c'étoit à la direction de cette Compagnie, ou plutôt au Gouvernement, à voir dès-lors & même le premier, la révolution qui se préparoit; que c'étoit à lui en conséquence à fortifier M. Dupleix de tous les pouvoirs comme de tous les moyens nécessaires au succès de ses desseins. Loin de-là, tout annonce qu'on n'apperçut point en France ce qui fut clairement vu & senti à Pondichéry, enfin ce que le tems a réalisé en faveur de la Nation la plus persévérante ou la plus heureuse. On laissa parmi nous la Compagnie continuer à délibérer comme Compagnie, tandis que le moment étoit venu où l'État devoit délibérer à sa place & pour elle, & non la Compagnie pour l'État. Finanalement, ce changement décisif eût lieu, & le rappel d'un seul homme, d'un homme qui parut grand aux Indes & qu'on jugea médiocre en Europe, peut-être parce que le génie propre aux affaires n'est senti que par le peu d'hommes qui le possedent, laissa par sa retraite le champ libre à nos rivaux ; & de cette époque la face des affaires de l'Inde fut entiérement changée.

Que le plan des conquêtes soit sage ou non pour des Compagnies commerçantes ; qu'il ait malgré tout l'éclat des succès une égale solidité ; que le simple systême du commerce soit praticable avec l'État connu de l'Inde ; c'est ce qu'il seroit trop long d'examiner ici. Nous nous bornerons, pour rendre, s'il est possible, notre digression sur l'un des plus grands établissemens de M. Colbert de quelque utilité, à observer que le commerce de l'Inde a subi deux grands changemens ; l'un, lorsque les Compagnies qui l'exercent ont perdu l'esprit de négoce pour s'engager dans les routes de l'ambition ; l'autre, lorsque les évenemens qui en ont été la suite, ont changé du tout au tout la situation dans l'Inde des Nations Européennes qui la fréquentent, & conséquemment pour elles la nature de ce commerce.

Voilà la vraie révolution d'où tout le reste a procédé. Le commerce n'a plus occupé le premier rang; il a même cessé de mériter ce nom pour les Nations moins favorisées. En effet, dès qu'un Peuple de l'Europe s'est établi avec assez d'avantage dans ces contrées pour payer avec l'argent de l'Inde les marchandises de l'Inde même; pour défrayer avec ses revenus ses établissemens; soudoyer ses troupes, & retirer encore chaque année, après son commerce servi, des sommes considérables, tout équilibre de négoce cesse. La possession sur les lieux de revenus immenses, la richesse & la puissance réunies donnent à-peu-près l'exclusif de tout; & les commerces concurrens sont ou fort précaires ou fort altérés dans les produits qui font l'objet de leur exercice.

Telle est la cause réelle & principale

qui a produit l'affoiblissement de notre Compagnie des Indes. Voilà ce qu'il eût fallu considérer en 1764, lors de la reprise de ce commerce. Il plut au contraire de calculer ses bénéfices comme dans les tems de sa prospérité, & on se flatta d'y joindre une régie infiniment économique. On se trompa sur ces deux points. Tout le zele connu de sa gestion ne put sans doute surmonter la détérioration de l'objet administré. Le miracle d'économie qu'on espéroit, pouvoit, absolument parlant, quoique difficilement à cause des charges inséparables du privilége, être au pouvoir d'un corps administratif; mais le premier point étoit un mal consommé. Il venoit de s'effectuer, & partoit d'une révolution supérieure à tout, préparée dans l'Inde depuis 20 ans, & que la derniere guerre avoit accomplie. Cette révolution plus réelle, plus étendue qu'on ne pense avoit tout changé: état des Nations Européennes dans ces contrées, état de leur trafic, état de l'Inde même; car ce pays occupé, par rapport à son territoire & au revenu qu'il donne, n'étoit plus l'Inde fréquentée également & librement par les différentes Nations pour le fait seul du commerce. Ce même pays ne pouvoit donc plus se présenter à nos yeux tel qu'il avoit été considéré du tems de M. Colbert. Il venoit de s'y réaliser un vaste projet, celui d'en retirer par les armes & par les possessions que ces mêmes armes procurent, les trésors que l'Asie enleve sans cesse à l'Amérique par les mains de l'Europe, qui les y verse: projet qui offre à l'imagination une des idées les plus hardies que pût concevoir, on ne dit pas une Compagnie, mais une des premieres Puissances de l'Europe.

L'Amérique avoit été, quelques siécles auparavant, occupée par une Nation principale, dans la vue de se saisir de ces métaux estimés qu'elle renferme, dont presque tous les Peuples, à cause des qualités exclufivement propres à ces productions, ont fait les fignes de leurs valeurs. L'idée fans doute fut grande, féduifante, mais elle s'eft trouvée fauffe pour la Nation qui l'a adoptée. Celle conçue par rapport à l'Afie, fans difcuter ici la folidité de l'entreprife en elle-même, a un bien plus grand caractere. Quel projet en effet, pour une Nation Européenne, que celui de retirer par la voie du commerce & par celle du tribut qu'impofe fur les lieux fa puiffance, ces métaux qui vont fe perdre en Afie, après avoir parcouru les divers pays de l'Europe! Ces mêmes métaux fournis par l'Amérique, portés par nos Compagnies dans l'Inde, comme marchandifes, & regagnées par l'une d'elles par la voie du trafic foutenu de la puiffance, rentrent dès-lors dans fes mains comme richeffes, parce que cette double opération fuppofe néceffairement une navigation fort étendue de fa part, un grand travail national, un débouché considérable des fruits des terres & de ses arts. Les trésors de l'Amérique transportés en Asie pour un premier commerce, recouvrés dans ces lieux pour y servir de fonds à un second négoce, en un mot, des biens ainsi employés & reconquis par une pareille voie, donnent plus qu'un numéraire; ils donnent alors une solde réelle par l'action en tout genre, que cette marche nouvelle & hardie de fortune occasionne chez l'État principal qui s'est établi dominateur dans ces Contrées.

Après un si grand changement, il n'étoit donc plus possible de considérer l'Inde du même œil, que par le passé, ni de régler ses partis à cet égard par les mêmes considérations. Ce nouvel ordre de choses avoit tout déplacé, jusqu'à ce que chaque chose, par la justice respective des Nations, fût replacée dans son ordre naturel. Faut-il s'exprimer encore avec plus de netteté sur cette révolution? Et pourquoi ne diroit-on pas pour soi-même, pour sa propre utilité ce qu'on ne cache jamais aux Nations intéressées à le pénétrer ? La connoissance que chacun aura de ses vrais intérêts, ne rendra que plus attentif à ne desirer que ce qui sera conforme à la justice. Il semble donc, par tout ce qui vient d'être dit, qu'il étoit moins convenable en 1764 de courir avec promptitude à de nouvelles expéditions, qu'essentiel de se former avant tout un système accommodé aux circonstances & à l'état où les derniers évenemens avoient laissé toutes choses. Nos établissemens dans l'Inde n'avoient plus en eux-mêmes la même assiette. Peut-être falloit-il la chercher dans quelqu'une de nos possessions qui fût propre à la leur restituer & regler alors nos plans de commerce, sans doute même jusqu'à sa méthode pour un tems, sur cette vue principale ? Ceux qui n'ont considéré après une cessation & un affoiblissement de commerce, que la reprise de ses opérations pour produire ce qu'on nommoit son rétablissement, se sont sans doute trompés. Il étoit évidemment plus pressant d'établir son état sur quelque nouvelle base que nécessaire d'agir ; ou, si l'on vouloit opérer, il falloit tout diriger vers ce but. En un mot, c'étoit ce semble, un tout autre système que les conjectures prescrivoient d'embrasser. Sans entrer ici plus qu'il ne convient dans cet objet, ce que je vais dire suffira pour répandre assez de jour sur cette idée.

La France possede à l'entrée des mers l'Inde, à la côte orientale de d'Afrique, deux Isles, celles de France & de Bourbon. Ces Isles pouvoient fixer sur elles par de justes motifs, l'attention principale dans cette époque intéressante ; elles pouvoient & devoient peut-être regler nos déterminations.

Ces deux possessions qu'on peut mettre au nombre de nos propriétés réelles, à la différence de nos établissemens dans l'Inde, qui ne sont au fond que de simples concessions, ou des occupations de lieux, se trouvent à la vérité trop peu considérables dans l'ordre du commerce, pour qu'elles puissent sous cet aspect régler nos affaires relativement à cette partie du monde ; mais on peut dire aussi qu'elles sont trop importantes par leur position, par l'avantage des ports qui s'y rencontrent, par la force dont elles sont susceptibles, en un mot qu'elles peuvent nous servir trop utilement en bien des manieres, relativement à l'Inde, pour qu'elles ne doivent pas influer beaucoup sur le système que nous jugerons le plus convenable d'embrasser, par rapport à ces contrées : & voici pourquoi.

Ces Isles, comme on vient de dire, ne sont à-peu-près, jusqu'à ce moment d'aucun prix pour le commerce, parce qu'elles n'ont rien à donner ni à la France, ni à l'Inde, à l'exception de la petite portion de cafés qu'elles cultivent,

& même de ces autres productions plus précieuses qu'on s'est flatté d'y naturaliser, & qu'elles doivent être toujours prêtes à sacrifier aux denrées nutritives. En même tems ces Isles, quoique dans le moindre rang comme colonies, sont sans contredit au premier par leur nature de postes & par l'utilité de leur position. A cet avantage il s'en joint encore un autre. Leur terroir propre à la production des denrées nécessaires peut, sans le secours de l'Europe, fournir à la subsistance de leurs Habitans, aux rafraîchissemens de nos escadres, tandis que leurs ports sont capables de recevoir avec sûreté nos vaisseaux dans la paix & dans la guerre. Ainsi ces Isles étant à la fois lieux de culture & de force, étant en outre un dépôt sûr de celles nécessaires à notre défense & à l'offense au besoin, elles réunissent toutes les qualités que peuvent offrir des possessions éloignées de quatre mille lieues de leur état principal, un Pays possesseur ne pouvant rien desirer de plus que d'avoir une colonie nourriciere, un abri sûr, une relâche commode, enfin un arsenal, un établissement militaire, capable outre cela de devenir avec le tems un entrepôt général de commerce ; & comme ces Isles se trouvent en même tems sur la route de l'Inde, à portée de presque tous les endroits où s'exécute le commerce de cette partie du monde, elles présentent, sous divers points de vue tous les avantages qu'on peut attendre d'établissemens de cette espece.

Voilà au poids de la réflexion, leurs propriétés ; voilà aussi quant à présent leurs fonctions. Ces dernieres seroient seules assez considérables, si ces Isles étoient parvenues à les remplir dans toute leur étendue. Leur avancement n'a pu être porté encore jusqu'à acquitter ces premiers services en entier, ni jusqu'à donner par elles-mêmes des productions propres au négoce. Ce second progrès qui ne peut, qui ne doit même avoir lieu qu'après que leur principale & premiere destination sera remplie, sera le dernier terme de leur prospérité, si jamais elles peuvent y atteindre.

Il est à la vérité de la nature d'une possession qui n'est qu'un poste, d'être pécuniairement onéreuse à son propriétaire; mais outre que l'Isle de France peut l'être beaucoup moins de jour en jour, elle compensera toujours avec avantage cette charge, quand elle remplira parfaitement le mérite de poste qu'elle a éminemment. L'effet de ce succès, bien assez important, sera d'être militairement, mercantilement, & même politiquement utile à la Nation qui en jouit, laquelle fréquentant l'Inde depuis un siecle pour le commerce, y a formé des établissemens, y a contracté des intérêts relativement aux affaires de ces Contrées, & par ces raisons y a peut-être une balance à maintenir.

C'est par tous ces côtés d'importance qu'il faut considérer ces Isles ; c'est d'abord en regard avec l'Inde ; c'est en second lieu respectivement à l'Inde & à l'Europe à la fois, qu'elles deviennent souverainement précieuses ; c'est sur toutes ces vues combinées, que l'on doit, si je ne me trompe, régler le systême général, sur-tout si cette considération obtient à tous les yeux le poids qu'elle me paroît avoir, estime faite d'une part de la force dont ces Isles sont susceptibles & de l'autre, de l'état trop précaire où sont nos établissemens dans cet hémisphere. Voilà, ce me semble, les points qu'il faut examiner pour régler la maniere dont elles seront traitées.

Au jugement des personnes instruites, ces Isles ne seront utilement possédées, qu'autant qu'elles rempliront les devoirs suivans, pour le service de la Nation à qui elles appartiennent. Ce sont-elles, qui par leur situation gardent, défendent tous les établissemens affectés dans l'Inde au négoce. Si on perdoit ces derniers on pourroit, à tout prendre, avec le secours des premieres, suppléer & exécuter, avec quelque apparence de succès, une bonne partie de ce commerce. Que si au contraire nous étions privés de ce boulevard, tout seroit exposé par cette perte, ou, ce qui est la même chose, rien ne pourroit être sûrement conservé. Ainsi ces Isles préservent tout à notre égard, menacent tout par rapport à autrui, & l'on peut ajouter, seules elles peuvent faire restituer tout, de sorte que ces possessions, qui ne seroient que peu de chose par elles-mêmes si l'Inde n'existoit pas, deviennent de la premiere utilité sous ce rapport, & que ces considérations qui ne font rien pour leur prix réel, disent tout pour leur prix relatif, & dans ce sens pour leur extrême importance.

De là, il suit qu'on ne doit pas séparer dans son système l'Inde & les Isles, parce que c'est dans leur parfait rapport que consiste le bon emploi qu'on en peut faire. Ainsi tout l'avantage de notre fréquentation dans l'Inde doit résulter du véritable service qu'acquitteront ces possessions ; mais aussi est-ce par cet endroit que le parti à prendre a de si hautes difficultés, attendu qu'il faut combiner ici une gestion déjà très-épineuse sur des objets qui sont encore d'une nature contraire. Cependant ces objets ne formant qu'un seul ensemble, doivent nécessairement être embrassés par un seul & même plan.

Selon l'opinion qui est encore la plus générale, l'Inde réclame le privilége pour le succès de son commerce, tandis qu'il paroît constant que les Isles dont il s'agit, ne peuvent acquérir toute leur prospérité que par la voie de la liberté. Si le joug du privilége continue à être imposé sur elles, il est dangereux qu'il ne perpétue leur enfance du côté de la culture, de la population & sur-tout de la force militaire. Que si au contraire on leve cette barriere, on peut

peut craindre de blesser la nature de ce commerce qui a besoin, suivant l'opinion des mêmes personnes, pour son succès de l'intégrité de son exclusif; desorte que le Gouvernement a les plus grands obstacles à vaincre dans cette partie. D'une part il ne peut allier dans le même plan la liberté & le privilége, en supposant toujours ce dernier nécessaire, selon que ces divers objets requierent l'une ou l'autre; d'autre part, il ne peut diriger l'Inde & les Isles par deux plans différens, par ce que ces objets sont réellement indivisibles en administration, & qu'ils appartiennent forcément au même régime, puisque leur position & encore plus leur relation n'en forment absolument qu'un même tout. Voilà donc ce qui rend & doit rendre la direction des affaires de l'Inde extrêmement délicate pour la France, ayant à traiter dans ses plans pour cette partie du monde, des possessions d'une nature entierement différente & même opposée, & ne pouvant pas, comme les autres Nations, se déterminer dans ce fait par la seule raison du commerce qui est uniforme pour elles, sans mélange d'intérêts divers.

Dans cet état, quel sera le parti que la sagesse indiquera ? Préferera-t-on le système le plus propre aux Isles, à celui qui peut être le plus convenable à l'Inde ? Se déterminera-t-on par des considérations de puissance, par des raisons d'état, ou par des vues de négoce ? Le premier parti n'est-il pas même nécessaire pour donner au second son existence & sa force ? Enfin n'exige-t-il pas une attention assez pressante, assez privilégiée pour l'emporter sur l'intérêt mercantil, qui n'est peut-être pas l'intérêt principal du moment ? Tels sont les écueils qui environnent les partis à prendre concernant les affaires d'au-delà du Cap. Nous ne faisons que les indiquer en passant ; mais on en voit assez pour juger aujourd'hui que ç'eût été encore un coup le choix d'un bon système qui eût dû principalement occuper en 1764 ; qu'il eût fallu alors fixer ses déterminations sur l'état des choses & selon les circonstances. Osons croire que si M. Colbert, auquel il faut toujours revenir, avoit aujourd'hui à statuer sur cette matiere, il verroit par une suite de ses propres principes, que les procédés de son tems ne sont plus applicables à l'état actuel de l'Inde : un simple coup-d'œil en fera juger.

Qu'on se représente un moment, pour cela, l'étonnante impression que feroient sur le fondateur de ce commerce les grands changemens survenus dans cette partie du monde ; changemens qui ont mis entre les mains d'une des Nations de l'Europe de vastes contrées avec leurs revenus ! Quel sujet de réflexions pour ce Ministre, quand il reconnoîtroit que l'Inde, qu'il crut peut-être ne devoir jamais intéresser l'Europe qu'à raison du commerce, entre cependant dans sa balance, au moyen des acquisitions que les Européens y ont faites, à raison du poids réel que celles-ci peuvent donner à la puissance? Quelles idées croit-on que ce grand Administrateur, qui avoit si bien calculé tout ce qui peut contribuer à la force intérieure & extérieure de ce Royaume, pourroit se former sur l'établissement qu'il fonda, il y a un siecle, pour notre négoce d'Asie, lorsqu'il considéreroit la révolution qui s'est opérée dans ces contrées, par les mains des Nations que le commerce seul y avoit d'abord appelées? Quoi! une Compagnie s'élevant au-dessus du rôle de Compagnie commerçante s'est mise, ou plutôt a mis sa Nation, au rang des dominations Asiatiques. Elle maîtrise par plus de dix places, Bombaye, Surate, Talichery, Calicut, Divicotey, Madras, Trichenapali, Goudelour, Masulipatan, Calecutta & Patna, dont quelques-unes sont du premier rang, les côtes de Malabar, de Coromandel, d'Orixa, & depuis l'embouchure jusqu'au fond du golphe de Bengale; & en dominant sur les côtes, elle commande au continent où elle a nombre d'autres places & forts habilement distribués. Indépendamment de ces établissemens, aussi militaires que commerçans, elle possede, sous le nom des Princes Indiens, des pays immenses dont elle retire une partie des revenus, sans en supporter les charges, tels que le riche royaume de Bengale; à côte d'Orixa, le Condavir, l'Isle de Divi, les quatre Provinces qui avoient été autrefois concédées à la France; à celle de Coromandel, le Carnate, la province d'Arcate, le royaume de Maduré, les territoires ou paraganès de Divicotey & de Goudelour; à celle de Malabar des revenus moins considérables, mais fort importans. En un mot elle tient dans ses mains plusieurs sceptres à six mille lieues de sa métropole, par celles des Souverains des lieux qu'elle a mis dans sa dépendance ! Qui eût pu penser que le négoce eût jamais porté aussi loin la puissance ? Sans prononcer ici sur la stabilité d'une entreprise aussi vaste, qui péchera toujours par son étendue, il est constant qu'une simple société de commerce ne pouvoit élever un plus grand édifice de fortune. On peut dire avec vérité que c'est-là régner & commercer tout à la fois : telle est encore l'heureuse position de cette Compagnie, que ses richesses, au moyen de ses possessions, sont assez considérables pour qu'elle puisse se passer des produits de son négoce, tandis que par un double effet qui part de la même cause, la fortune qui lui vient de ses possessions & de sa force sur les lieux, contribue à l'enrichir encore dans le commerce, en la faisant primer sur tous les autres Peuples. En un mot, quel plan plus hardi que celui qui a été exécuté, & dont l'éloignement seul nous empêche de sentir tout l'effet ? Quel projet que

celui, non de conquérir, non de peupler
& fertiliser des terres aussi éloignées,
ce qui eût été au-dessus de ses forces &
de celles même de tout État; mais d'entrer d'abord par la voie seule du trafic,
dans un autre hémisphere, dans un pays
tout formé, abondant en hommes, riche en tout sens ? Quelle marche plus
surprenante que de passer du commerce
à la puissance, & bientôt à l'aide des
lumieres propres à l'Europe, & sur-tout
de cette supériorité où elle est parvenue
dans l'art maritime & militaire, de
maîtriser, enchaîner peu à peu un vaste
continent par des places & des forces
habilement disposées, de se mêler pour
cet effet dans ses différends, enfin, à la
faveur du vice de la constitution de ses
divers gouvernemens, de finir par l'assujettir, par régner à la place & sous
le nom de ses Princes, en les rendant
eux & leurs Sujets tributaires à la fois
de sa domination & de son industrie.
Voilà la conquête d'un nouveau genre

inconnue jusqu'à nos jours, & certainement inespérée, qu'une Compagnie de commerce Européenne a tentée & réalisée de notre tems. Que seroit-ce encore, si une fortune de cette espece, parmi des Peuples si différens de mœurs & d'opinion, pouvoit avoir une entiere consistance ? Que seroit-ce sur-tout (car c'est-là le grand point de ce succès) si pendant qu'elle subsiste, au lieu de ce régime destructeur qui sappe & sappera à jamais, avec une foule d'autres abus, tous les établissemens de Compagnies, tant qu'on ne viendra pas à bout de leur donner des loix convenables (ouvrage plus difficile qu'on ne croit) on fût parvenu à joindre à un État aussi brillant en tout sens, une gestion prospere qui eût mis en valeur d'aussi grands avantages? C'est alors vraiment que ces deux canaux, celui d'un commerce à-peu-près exclusif, & celui d'un revenu territorial de plus de 100 millions, eussent fait couler dans les mains d'une

Nation active, dont toute la force est à la mer & dans le commerce, des richesses immenses : dès-lors combien sa puissance réelle en Europe ne s'en seroit-elle pas accrue ? Quels secours n'eût-elle pas puisés en Asie pour le succès de ses affaires ou de ses projets en Europe ? Bientôt elle eût pu...... mais on s'arrête : ces réflexions poussées plus loin, ne seroient ni de notre ressort ni de notre sujet.

En voilà assez pour montrer que de nos jours l'Inde n'est plus, par rapport à l'Europe, ce qu'elle étoit du tems de Colbert, & qu'en citant ce nom respectable dans les disputes qui se sont élevées sur cette matiere, on a employé cette autorité sans qu'elle fît une preuve dans le cas où nous nous trouvons, les principes qui ont déterminé ce Ministre lors de l'établissement de ce commerce, n'étant plus applicables, du moins sans beaucoup d'examen, à cause de toutes les mutations dont nous avons parlé, aux circonstances des tems présens.

On est entré avec les détails qu'on vient de voir dans la discussion de la nature & de l'état de ce commerce, parce qu'il a occupé une grande place dans les travaux de M. Colbert, & que le parti définitif que le gouvernement pourroit avoir encore à prendre sur un objet aussi essentiel, peut rendre cette partie de notre écrit de quelque utilité. Si je m'étois trompé dans mes réflexions, les lumieres du ministere & celles que plusieurs de ceux qui le composent ont particulierement sur ces matieres, doivent pleinement rassurer; elles font aussi ma propre confiance, parce que ne m'expliquant dans tout ceci qu'en Citoyen, je n'ai absolument d'autre cause que celle de la vérité.

Après avoir ainsi porté mes réflexions sur la masse générale des travaux de M. Colbert, il me reste, pour acquitter tous les devoirs envers cet homme célebre, des hommages à consacrer à une autre partie de ses services qui a toujours caractérisé les grands Ministres;

je veux parler de l'attention particuliere qu'il a donnée, parmi tous ses autres soins, au progrès des arts & des sciences dans ce Royaume. En le louant sur ce point, je remarquerai que cette protection des arts, qui a été pour la plupart des hommes d'État une gloire d'ornement, a un tout autre relief encore par rapport à M. Colbert. Elle est pour lui quelque chose de plus: elle est réellement intégrante à ses plans ministériels, parce qu'elle a fait partie de ses vues économiques: c'est une particularité qui le distingue de tant d'hommes publics recommandables par le même endroit, & qui mérite par conséquent d'être observée.

Ce Ministre, en fondant d'abord en France toutes les manufactures nécessaires & utiles, en créant après elles au-dedans & au-dehors pour les sciences, les lettres & les arts des Académies & des Ecoles qui subsistent encore avec éclat, ne fit point ces institutions simplement par attrait, en homme de goût qui veut faire régner les arts qu'il chérit & cultive lui-même. Colbert fit tout en homme d'État, n'envisageant dans toutes ses opérations que la grandeur & la grandeur utile de son pays : toutes ses œuvres portent ce rare caractere. Convaincu que les découvertes des sciences éclairent & guident les travaux simples & utiles de l'homme industrieux; que les arts voluptuaires & de goût secondent ceux-ci; que tous se communiquent leurs progrès ; qu'ils achevent d'orner & d'embellir un séjour déjà doué par la nature & riche des premiers biens, il agit d'après une idée aussi juste, & comprit qu'une terre où tout seroit ainsi ordonné, inviteroit les autres Peuples à la visiter, souvent à y fixer leur séjour; que par-là tout, jusqu'à sa gloire & à sa félicité, tourneroit en de nouveaux avantages pour elle : genre d'attrait qui forme la plus noble séduction que la sagesse des gouvernemens puisse employer.

C'est ainsi que toutes ces choses récllement liées entre elles dans l'ordre des événemens, s'arrangerent visiblement dans les plans de ce Ministre. En favorisant les sciences & les arts, il s'éleva dans ses motifs encore au-dessus de ce charme tout puissant qu'elles inspirent ; il considéra en elles l'État seul. On ne voit pas non plus qu'il ait brigué pour lui-même leur gloire personnelle, comme cet autre Ministre également immortel par la force de son génie, qui éleva la puissance politique de la France & celle du Trône, de même que Colbert créa & établit après lui la puissance intérieure de l'État. Avant lui ce premier Ministre (Richelieu) avoit ambitionné la gloire d'être fondateur d'Académie : c'est à lui que nous devons la mémorable institution de celle appelée par excellence, l'Académie Françoise ; établissement presque unique parmi les États policés & digne en effet d'une Nation principale, qui par sa puissance, ses arts & son goût, devoit faire parler son idiôme à toute l'Europe, en même tems qu'elle lui feroit adopter ses usages & ses mœurs; toutes choses qui marchent ensemble dans l'influence qu'acquierent les Peuples les uns sur les autres.

Il y a plus de motifs qu'on ne croit à admirer l'institution faite par Richelieu, institution qui fut autant politique que littéraire, par la liaison, pour ne pas dire davantage, qu'une langue a nécessairement avec la grandeur réelle d'un État, ce qui est tellement vrai (on l'observera en passant) que tout se retrace, que tout peut se reconnoître dans le caractere d'une langue, laquelle s'éleve & descend invariablement avec le caractere du Peuple qui la parle. La sagesse de ses loix, son progrès dans les arts, ses mœurs, sa constitution, jusqu'à son génie national, tout s'y peint, même avec une vérité que l'homme philosophe ne manque pas de discerner. Aussi un établissement de ce genre appartenoit-il plutôt à un Ministre du génie de Richelieu, qui travailla toute sa vie à élever la puissance de la France, & qui dans la hauteur de ses projets devoit naturellement tendre à faire prédominer la langue de son pays: effet qui, par tout ce que nous venons de dire, part primitivement beaucoup plus de la réalité de la puissance, que de la supériorité des lumieres. Mais un Ministre de la trempe de Colbert, devoit à son tour rechercher par préférence les Académies savantes & utiles, par la raison qu'elles étoient elles-mêmes autant de branches animées de son systême. Pressé de l'ardeur de former des établissemens fructueux, ardeur qui, si l'on y prend garde, ne le laissa pas respirer un seul moment pendant tout son ministere, avec un tel esprit, dis-je, il ne lui étoit gueres possible de se laisser distraire par la beauté, & la gloire seule de quelque institution, telle qu'elle pût être: aussi voit-on qu'il rapporta tout à son plan, qui fut de donner à la France l'empire de l'industrie & des arts, ainsi que Richelieu, après avoir affermi dans son sein l'autorité, lui avoit donné dans le continent l'empire de la puissance ; dernier Empire, auquel celui de la mer, qui n'étoit pas encore bien connu ni senti dans ces tems-là, a apporté tous les changemens que ce premier genre de puissance a éprouvés ; mais Richelieu & Colbert ont rempli éminemment l'un & l'autre leur objet, avec cette différence toutefois que la gloire militaire & politique coûte nécessairement des malheurs aux Peuples, au lieu que la gloire économique est une bienfaisance continue qui crée, donne ou produit tout sans rien détruire, & pour dire encore plus, guérit les maux que cause la premiere en fermant les plaies qu'elle cause, & séchant les larmes qu'elle fait si souvent répandre.

Colbert, le vertueux, l'immortel Colbert, eût le bonheur de remplir pendant

dant sa vie ce glorieux office envers l'humanité. Son projet de monarchie universelle en faveur de la France, sorte de projet permis & même louable, puisqu'il n'est fondé que sur la puissance que procurent aux Nations les arts pacifiques & toutes les especes de travaux propres à l'homme, a réussi à ce grand Ministre autant que la nature des choses a pu le permettre. Heureux ! s'il eût pu, par la nature même de ses institutions, ne point dérober à la force du caractere national ce qu'il a ajouté à ses succès dans tous ces genres. Quoi qu'il en soit, ce Royaume a été le premier en possession de ce goût général qui s'y manifeste encore de nos jours dans l'emploi des divers objets qui servent aux besoins de la vie. La connoissance d'une partie de nos arts industrieux, n'a passé chez l'Etranger que par l'émigration des François, que les événemens des tems ont éloignés de leur patrie sans les en avoir détachés, tant la Nature a assigné à cette portion de l'Europe la prééminence de ces premiers avantages, le climat & le sol, seuls attraits qui seront toujours tout puissans parmi les hommes, quand les loix ne les combattront pas. Si Colbert, invariablement occupé dans tous ses plans de ce qui étoit productif ou utile, a envisagé quelque chose au-delà de cette utilité, ça été dans quelques momens la splendeur de sa Nation & sur-tout la grandeur de son Maître, qui aima par lui-même avec passion tous les genres de gloire, qui les attira à lui par l'élévation de son caractere, & les réfléchit long-tems sur toute l'Europe, autant par l'étendue de sa puissance, que par le personnage qu'il sçut s'attribuer entre tous les Rois de son tems : mais en creusant dans toutes les opérations de M. Colbert, il est vrai de dire qu'il ne s'est jamais considéré personnellement dans ses travaux. Toujours homme public, il vit, il traita tout en Ministre;

il exécuta tout pour l'État, & dans la vue de son seul avantage; en un mot ses opérations, ses institutions, & jusqu'à ses goûts tous liés entre eux, tous dirigés vers un seul objet, n'ont formé qu'un seul & même système, qui a été la richesse de l'État.

Telles sont les idées que l'on peut, je crois, se former du ministere important que je me suis plu à ébaucher dans cet écrit. Je ne finirois pas si je voulois l'approfondir, & je me borne à cette esquisse générale qui suffira peut-être pour faire connoître l'esprit de cette belle administration.

Je ne peux cependant terminer cet Ouvrage sans dire encore quelque chose du personnel de Colbert, objet qu'il est si doux & même si instructif de considérer dans les grands hommes, quand on a porté toute son attention sur la suite de leurs travaux.

Colbert passa pour avoir un caractere sévere, & l'eut en effet. Mais sans parler de la forme que donne à la longue à l'esprit & à l'ame le sérieux des affaires, sur-tout lorsqu'elles sont d'un ordre si important, sur-tout encore lorsque l'homme en place en épouse le succès, il est vrai de dire que la seule équité conseilleroit elle-même cette sévérité, parce qu'il est peut-être nécessaire que le caractere de l'homme, chargé d'un pareil emploi, participe de cette sorte de rigueur, pour pouvoir atteindre jusqu'à cette justice inflexible que ses fonctions exigent. Une pareille disposition, quand elle n'est point trop outrée, n'est plus un défaut : on peut même la regarder comme une qualité de plus dans une personne en place. Plus ses principes sont sains, fermes; plus ils lui inspirent cette rigidité. On n'a pas besoin, pour justifier ce caractere salutaire, de dire que les demandes particulieres, que presque tous les projets ne sont que des exceptions au bien public en faveur des personnes qui les proposent. Il est inutile encore de parler des abus sans nombre qui germent à l'infini & malgré qu'on en ait, dans une administration si étendue, qui est d'ailleurs si propre à les cacher. Le tableau seul de ce que coûtent aux Peuples les frais de perception des impositions & les rigueurs qui les accompagnent, suffiroit pour inspirer cette austérité contre les abus qui s'élevent & même contre toutes ces faveurs insolites aussi dévorantes que les abus mêmes. Il n'y a pas jusqu'aux bénéfices légitimes de la finance, qui ne contristent souvent l'ame d'un bon Ministre : si les services en ce genre remplis de nos jours, dans nombre de Compagnies, avec beaucoup d'honnêteté & de lumieres doivent être approuvés, estimés & récompensés, il n'est pas moins vrai qu'ils se présentent aux yeux de l'Administrateur qui apprécie tout, comme stériles par leur nature pour l'accroissement réel de la richesse publique.

On peut aller plus loin encore sur cette matiere, & avancer avec fondement qu'une telle sévérité s'accorde pleinement avec la bienfaisance ; elle est même la bienfaisance la plus réelle quand elle est générale & uniforme.

Par l'un de ces effets précieux du progrès des lumieres, progrès qu'il ne faudroit pas également vanter dans tous ses effets, on sent de nos jours plus que jamais, ce qu'on ne sauroit trop inculquer dans les esprits, savoir, que le véritable Ministre n'a point de graces à accorder; qu'il n'a que le bien à faire, & la justice à rendre. Si le droit des graces, qu'on veut bien appeler de ce nom, peut former un droit dans un État réglé par la justice, où chacun doit avoir des titres effectifs de services à produire, ou n'en a aucuns à citer. En un mot, si cette pure & gratuite munificence appartient à quelqu'un, elle doit être, comme de raison, réservée au Souverain seul ; encore, plus il en est avare, plus il se montre juste; disons le vrai: plus il est réellement bienfaisant. Dès-lors, comme on voit, c'est la vraie sensibilité, la parfaite humanité qui inspire elle-même cette sévérité personnelle aux bons Ministres. Si-tôt qu'elle part de cette source, elle est plus qu'humaine, elle est toute céleste. C'est dans l'ame du Ministre qui agit par de tels principes, c'est contre lui, le premier, que s'operent tous les sacrifices que lui dicte ce grand courage. En lui obéissant, il fait taire ses penchans, quelquefois la voix du sang; toujours il se prive du plus grand des attraits, celui qu'on goûte à répandre des bienfaits; souvent il recueille des plaintes où il n'entendroit qu'éloges & actions de graces. Dans bien des cas, il se forme des ennemis; il en suscite contre son rang, contre sa place. Ah! si les refus d'une part coûtent souvent si cher aux personnes en place, & de l'autre, s'ils les privent des plus grandes doucœurs, sur-tout pour les ames nées sensibles, concluons qu'il n'y a que la plus sublime bienfaisance, la plus haute humanité qui puisse former & soutenir un caractere tel que celui dont on parle. Ce fut ainsi, à bien des égards, que Colbert se montra sévere. On ne peut pas en douter, puisqu'il fut réellement humain pour les peuples & travailla constamment à leur soulagement. On nous a transmis de lui des traits qui caractérisent ces mouvemens d'humanité bien supérieurs à cette sensibilité isolée soit du sang, soit de l'amitié, qui même quelquefois est opposée à la premiere. Grand & noble dans les récompenses qu'il accorda au nom de l'État, il fut toujours difficile contre les demandes des grands & des hommes puissans dont il fut aussi peu aimé. C'est cette conduite qui prouve combien il fut réellement occupé de l'état du Peuple, de ce Peuple qui devenu enfin malheureux malgré tous ses efforts, fut l'écho, comme il l'est souvent, du chagrin des Grands & finit, particulierement dans la capitale, par méconnoître ses services & lui imputer les malheurs des tems prévus par ce grand Homme, mais que son Maître, sourd pour cette fois à ses avis, eut le malheur de ne point épargner à ses Sujets & à lui-même. Les disgraces publiques que Colbert recueillit vers la fin de sa vie de ce caractere de sévérité, disgraces qui le suivirent même après sa mort, ajoutent aujourd'hui à sa gloire aux yeux de la postérité, qui répare glorieusement, par son suffrage, cette injure passagere faite à sa mémoire.

A ce caractere d'humanité Colbert associa une autre grande qualité souverainement importante dans un homme public, je veux parler du caractere ferme & soutenu qu'il porta dans son administration. Dès les premiers momens son génie lui avoit fait embrasser dans un même plan toutes les parties de ce vaste ministere. Sa constance dans ses projets, constance qui n'est dans les hommes médiocres qu'une opiniâtreté dangereuse, & qui dans les hommes supérieurs produit les plus grandes choses, parce qu'elle part en eux de deux sentimens également relevés, la conscience éclairée du vrai, & la volonté ferme de l'exécuter; qualité qui forme alors la partie la plus excellente de l'homme public, celle du caractere; cette constance, dis-je, ne lui permit jamais d'abandonner volontairement aucune partie de ses plans. Lorsque ces deux grands dons, supériorité de lumieres & force de caractere, se trouvent réunis dans une certaine perfection, c'est alors que l'homme d'État (cet être destiné par la Nature à gouverner & les choses & les personnes) est tout trouvé. Ce concours, il est vrai, est infiniment rare, sur-tout dans un degré parfait; il est pourtant, rigoureusement parlant, absolument nécessaire; & s'il falloit opter, peut-être se passeroit-on plus aisément de la très-grande étendue de lumieres, que de cette partie infiniment essentielle dans tout Administrateur, qu'on nomme le caractere. Plus la puissance est grande, plus le rang est élevé, plus l'État gouverné a une haute destinée ; plus aussi un Roi ou un Ministre a besoin de ce don précieux de l'ame, dont l'Empire domine plus sûrement sur les êtres moraux, que la force physique ne domine elle-même sur les corps.

On n'a peut-être jamais assez considéré tout le développement & tous les effets de cette qualité vraiment suprême. Il ne peut qu'être satisfaisant, utile même de se représenter un moment comment un être ainsi doué exerce cette énergie, cette force irrésistible que donne le caractere, levier le plus puissant qu'il y ait dans les relations sociales, ou publiques ou privées. Pour en bien juger, il faut sentir tout l'ascendant que la Nature donne à un être, en lui imprimant cette qualité, qui est son plus bel ouvrage.

Un tel homme est plus facile à reconnoître qu'à comprendre : cet homme, si l'on ne se trompe pas, est celui qui est en mesure avec son rang, avec sa place; qui est un dans tous ses actes; qu'on ne peut ni décomposer ni opposer à lui-même; dont les projets ne sauroient jamais être plus grands que le courage; qui, après avoir vu son poste avec une juste crainte par l'étendue des obligations qu'il impose, le soutient tranquillement & de sang froid; qui marche & agit sans cesse en appréciant la gloire, la faveur, & même la disgrace (l'effroi de tant d'autres) pour ce qu'elles peuvent être; que les obstacles exercent; que ses erreurs instruisent, mais n'étonnent & n'aigrissent point; qui consulte l'opinion sans en dépendre, parce qu'il a ses principes en lui, & sa sûreté dans ses sentimens; qui oublie le prix du tems quand il délibere, & n'en laisse rien perdre lorsqu'il s'agit d'exécuter, & opere enfin sans avoir jamais d'autre crainte que celle des fautes volontaires: un tel homme, comme on le conçoit, doit être véritablement invincible: c'est à une ame de cette trempe que la Nature a donné le droit de commander dans l'Univers : voilà où gît réellement la force morale de l'homme, celle que lui donne cette qualité éminente, le caractere, beaucoup plus encore que la supériorité des connoissances & des lumieres, quoique leur association soit en beaucoup de points indispensable. Cependant cette force précise qui part du caractere, existe & agit à part ; elle seule constitue & soutient l'homme public. Pour la faire connoître encore par d'autres idées, elle est pour lui ce qu'est aux États la vigueur de leur constitution. L'analogie de toutes les actions d'un homme entr'elles, l'impression par-tout du même être, soit qu'il parle, soit qu'il agisse, enfin l'unité d'une vie entiere comme celle d'une action simple, voilà ce qui constitue cette partie inappréciable dans l'homme appelée le caractere, source des plus grandes choses dans les individus, qualité éminente & véritablement souveraine dans un homme d'État. D'entre les Ministres qui auroient cette force de caractere, & les États qui garderoient fermement leur constitution, les premiers gouverneroient nécessairement le monde, & les autres seroient faits pour en être les maîtres, aux limites près, que le tems & la durée des êtres apportent à toutes choses. Que seroit-ce si à ce don suprême de l'ame, l'étendue & sur-tout la justesse des lumieres se trouvoient jointes. La création montre à peine ces prodiges : cependant, à la rigueur, comme je l'ai déjà dit, l'administration des États l'exige ; & parmi les hommes que la succession des tems nous présente dans cet ordre, les plus parfaits sont ceux qui réuniffent ces rares avantages au plus haut degré ; & pour revenir toujours à l'objet de cet écrit, on doit convenir que Colbert, mais toutefois après Richelieu, qui a poffédé cette qualité au-deffus de tous les hommes publics, & qui n'a peut-être opéré des chofes, qui font encore l'étonnement de la poftérité, que par cette force d'ame extraordinaire qui lui étoit naturelle, on doit convenir, dis-je, que Colbert eft un des hommes qui, fur la fcène des affaires publiques, a montré les lumieres les plus vaftes, les plus juftes, les plus faines, relativement à la nature du Royaume, dont il eut les Finances à gouverner; qui y a joint le caractere, non pas le plus haut, le plus dominant; mais le plus actif, le plus fage, le plus perfévérant, malgré les traverfes continuelles auxquelles il fut expofé de la part de fes collegues. Auffi la maffe des travaux de ce Miniftre eft-elle furprenante : tout lui appartient presque dans notre législation économique, & il reste encore sur le fond seul de ses projets une infinité de choses à exécuter. Pour finir son éloge par une image que ses propres œuvres me fournissent, l'édifice de son ministere, par la multitude des objets qu'il a traités, & qu'il n'a pu conduire à leur derniere fin, en laissant des pierres d'attente dans un grand nombre de parties, ressemble à ce magnifique péristile que nous devons à son génie ou à la sagacité de son choix, & qui est resté imparfait depuis que la main qui dirigeoit les sources où l'État puisoit toutes ses grandeurs, & en tout genre, a cessé d'exister.

Enfin M. Colbert, cet immortel Colbert, de la personne de qui on ne peut se détacher, montra, à ce qu'on assure, quels qu'ayent été les discours des détracteurs ses contemporains, du désintéressement & des vertus personnelles. Vous serez surpris de m'entendre dire, à moi, qui révere & aime ces qualités,

que,

que, dans l'ordre de l'administration, elles ne doivent être comptées qu'au troisieme rang, elles, qui dans l'ordre moral, remplissent incontestablement la premiere place ; mais il n'est pas moins vrai qu'en fait de Gouvernement public, les lumieres, & sur-tout le caractere, sont plus essentiellement requis que ces autres qualités, quelque précieuses qu'elles soient, parce que les ravages de l'ignorance dans les grandes places d'administration, sont incomparablement plus étendus, plus destructifs que les maux, à la vérité très-fâcheux, mais toujours bornés, que peut causer la cupidité. On ne se console de cette idée, que le raisonnement & l'expérience font adopter malgré soi, qu'en pensant qu'un homme doué de ces lumieres supérieures & de ce caractere élevé qu'on vient de décrire, a nécessairement des vertus en société avec des dons aussi éminens. On se plaît à le penser ; on croit même qu'elles sont en lui le germe le plus solide de ces hautes qualités qui l'élevent au-dessus des autres hommes.

Tout invite à croire que Colbert a été une preuve de cette vérité; & le trait suivant couronnera ceux que j'ai déjà consacrés à sa louange. Ce Ministre, après avoir administré pendant vingt ans les Finances du premier État de l'Europe, présenta à son Maître vers la fin de sa carriere un état de sa fortune, laquelle se trouva médiocre. Non sans doute, ce n'est pas une gloire, quelque rare qu'elle soit, digne par elle-même de fort grands éloges, que d'être par ses sentimens au-dessus des richesses; mais c'est une preuve après-coup bien frappante, qu'une administration distinguée en ce genre est toujours accompagnée d'un parfait désintéressement. Non-seulement un tel désintéressement donne alors un nouveau lustre aux services d'un Ministre dans cette partie; mais il signifie quelque chose de plus encore. Il annonce l'homme propre à la place ; & il y a cette instruction (pour suivre toujours l'esprit de ce travail) à recueillir du désintéressement de Colbert, qui est de remarquer que les Ministres qui ont le plus excellé dans l'administration économique, ont montré aussi la plus grande pureté personnelle, comme si la science du bien public pour être parfaite, dût nécessairement être accompagnée d'un grand amour de l'humanité ; sentiment qui est par lui-même entiérement exclusif du soin dégradant de ses propres intérêts ; dernier soin qui singularise sans cesse les actions & les vues de l'homme en place, tandis que toutes les idées du vrai Ministre doivent le porter à tout généraliser, sans lui laisser penser un seul moment, si lui-même peut jamais être pauvre au milieu d'un pays dont il procure la richesse & la prospérité. La preuve par les contraires de cette grande vérité se verroit également dans tous les tems, en confidérant que les Miniſtres qui ſe ſont montrés peu recommandables du côté de l'intérêt perſonnel, ont communément mal ſervi la fortune de l'État, tant il eſt vrai que cette vile attention, dans de pareilles places, à tout ce qui peut être du lucre perſonnel, annonce & prouve même l'abſence de ces grands ſentimens & de ces vues élevées, ſeules faites pour animer l'homme qui régit un miniſtere auſſi pur & auſſi relevé.

Ainſi tout porte à croire que Colbert fut un Miniſtre auſſi irréprochable qu'éclairé. Son déſintéreſſement, malgré les ſatyres du tems, fléaux mépriſables que le tems à ſon tour & le véritable mérite détruiſent toujours, n'eſt pas moins conſtant aux yeux de ceux qui conſiderent avec réflexion des travaux auſſi nobles, auſſi pénibles & auſſi conſtamment dirigés vers le bien public que les ſiens ; & j'employe avec confiance, toutes les preuves que j'ai amassées dans cet écrit, pour faire tomber à jamais cette odieuse & criminelle censure, qui jeteroit une ombre sur un si parfait modele.

J'ai cru devoir consigner tous ces détails dans l'Examen que je viens de faire, & je finis. Je ne pense pas m'être fait illusion dans tout ce que j'ai écrit, ou m'être formé à plaisir un système propre, dans le système même de ce Ministre. Je crois au contraire n'avoir fait qu'exposer & développer le sien selon ma portée. Quoi qu'il en soit, de l'entreprise que je viens d'exécuter à votre priere, je n'aurai point de regret à mes efforts, s'ils peuvent ajouter dans votre esprit la moindre chose à la gloire de l'homme immortel dont je me suis complu à vous parler avec quelque étendue, parce que mon sujet m'a entraîné.

En terminant, je consacre en peu de mots mon opinion sur ce grand homme, & je reconnois que la France lui doit les vrais fondemens de sa prospérité. J'estime encore que Colbert a été dans sa partie le premier & presque le législateur universel. Sully, son précurseur pour l'économie, pour l'ordre, son modele & celui de tout Ministre pour la pureté des sentimens personnels, pour l'amour du bien de l'État, ne s'éleva point au même rang que Colbert. Ce dernier fut particulierement un Ministre créateur & législateur. En animant notre territoire, nos arts, il a appris à ce Royaume sa véritable, sa seule destination; il l'a effectué par des loix, & a tracé enfin dans presque toutes les parties, un code & des maximes d'administration qui sont encore notre regle: en un mot, son génie & ses principes méritent encore de régner parmi nous, de même que sa mémoire est digne de subsister à jamais dans le cœur & l'esprit de tous les vrais François.

C'est ainsi que je crois pouvoir résumer mon jugement, en terminant le travail que je me suis permis, non sans crainte, sur un aussi grand Ministre. Je me flatte qu'on reconnoîtra aisément que je n'ai apporté dans mes opinions aucune prévention. S'il s'y rencontre des erreurs, je les soumets aux lumieres supérieures des hommes instruits, & demande simplement qu'on rende justice à la droiture de mes motifs. Par ce moyen je crois avoir rempli, si ce travail est connu, les devoirs que doit observer tout homme qui écrit.

F I N.

www.ingramcontent.com/pod-product-compliance
Lightning Source LLC
Chambersburg PA
CBHW071339150426
43191CB00007B/791